THE ❧ PRICE
MOVEMENT

주가의 흐름: 다우이론과 주식시장을 보는 눈
THE PRICE MOVEMENT

1판 1쇄 펴낸날 2010년 2월 1일

지은이 찰스 다우 윌리엄 피터 해밀턴 로버트 레아
엮은이 박정태
펴낸이 서정예
표지디자인 오필민
펴낸곳 굿모닝북스

등록 제2002-27호
주소 경기도 고양시 일산서구 일산동 576-9 동해빌딩 410호
전화 031-819-2569
FAX 031-819-2568
e-mail image84@dreamwiz.com

가격 12,000원
ISBN 978-89-91378-20-9 03320

다우이론과 시장을 보는 눈

주가의 흐름

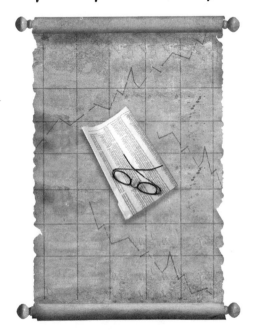

THE ✿ PRICE
MOVEMENT

찰스 다우 외 지음 • 박정태 옮기고 엮음

굿모닝북스

주가의 흐름
다우이론과 시장을 보는 눈

1

지금으로부터 120여 년 전 뉴욕 월스트리트의 허름한 사무실에서
열심히 투자전문지를 만들고 있던 찰스 다우라는 인물을 상상해본다.
그는 뛰어난 글 솜씨와 탁월한 분석 능력으로 이름이 알려진
기자였다. 매일같이 주식시장과 경제 상황에 대한 기사를 썼고,
독창적이면서도 유려한 문장으로 시장의 역사를 이야기했다.
다우는 키 180센티미터, 몸무게 90킬로그램이 넘는 거구에
말수는 적고 지나칠 정도로 진지한 성격이었다. 그는 오랫동안
월스트리트에서 일해왔지만 투기로 한밑천 잡을 생각은 전혀 하지
않았고, 항상 한걸음 비켜서서 관찰하고 분석하기만 했다.
그러던 어느 날 그에게 무엇인가가 번쩍였을 것이다. 뭐라고
분명하게 표현하기는 힘들겠지만 천둥처럼 가슴을 크게
뒤흔드는 것 같더니 돌연 어떤 환희의 느낌, 벅찬 자유의 느낌이
가득 차 올랐을 것이다. 1884년 7월 3일 그는 다우존스 평균주가를
산출해 자신이 만들던 신문에 처음으로 발표했다. 뉴욕 주식시장에서
거래되던 11개 종목의 주가를 합산해 단순평균한 것이었다.
최초의 주가지수는 이렇게 벼락같이 세상에 등장했다.

2

찰스 다우는 몰라도 "다우지수"를 모르는 사람은 없다.
미국 주식시장이 어떻게 돌아가는지 살펴보려면 가장 먼저
다우존스 평균주가를 챙겨야 하니 말이다. 다우의 가장 큰 업적은
바로 이 평균주가를 창안한 것이다. 그 이전에는 주가지수라는 개념
자체가 없었다. 주식시장을 전체적으로 가늠할 지표가 없었다는
얘기다. 다우는 이 평균주가를 근거로 시장을 해석했고 미래를
전망했다. 그는 1902년 세상을 떠날 때까지 거의 하루도 빠지지 않고
주가의 흐름에 관한 칼럼을 썼다. 자기가 탄생시킨 이 평균주가에
살과 뼈를 부여함으로써 다우는 다른 식으로는 방출할 수 없는
자신의 본능에 생명을 부여한 것이다. 기자로서의 만족감을 넘어
통찰력을 가진 자만이 느낄 수 있는 해방감을 만끽했을지도 모른다.
그는 칼럼을 통해 "주가의 흐름은 일단 방향을 정하면 주식시장
그 자체가 모멘텀을 잃고, 방향을 바꾸기 전까지 꾸준히 그 방향을
지속하는 경향이 있다"고 밝혔다. 한마디로 과거의 주가 흐름을
잘 분석하면 주가 변화의 추세를 발견해낼 수 있다는 말이다.
다우가 의도했던 것은 아니지만 많은 주식 투자자들이 그의 칼럼을
기초로 미래의 주가를 예측하고자 했다. 이로써 최초의 현장
투자이론이라 할 수 있는 다우이론이 등장한 것이다. 다우이론은
지금도 많은 투자자들이 신봉하는 기술적 분석의 효시가 됐다.

3

〈월스트리트저널〉에 연재되던 주가의 흐름(The Price Movement)
칼럼은 다우 사후 윌리엄 피터 해밀턴이 이어받아 1903년부터
1929년까지 썼다. 해밀턴은 다우의 생각을 정리해 다우이론이라고
정식으로 이름 붙였고, 평균주가를 토대로 주식시장은 물론 경제
전반까지 예측할 수 있다고 주장했다. 지금은 누구나 주식시장이
경제를 예측하는 중요한 선행지표라고 여긴다. 하지만 20세기 초무렵
월스트리트에서 가장 명성이 높았던 투자 이론가가 점성술사 출신의
에반젤린 애덤스 같은 인물이었다는 점을 떠올리면, 해밀턴은
정말 지적인 선구자였다. 해밀턴은 최초의 다우이론 교과서라고 할
수 있는 《주식시장 바로미터The Stock Market Barometer》를 남겼고,
1929년 주식시장 붕괴 직전에는 지금도 인구에 회자되는 "조류의
반전(A Turn in the Tide)"이라는 제목의 칼럼을 발표해
1930년대의 주가 폭락과 경제 대공황을 예견했다.
해밀턴의 칼럼에 거의 절대적인 경외감을 느꼈던 로버트 레아는
다우이론에 따라 직접 주식 투자를 해 크게 성공했다. 그가 쓴 책
《다우이론The Dow Theory》은 베스트셀러가 됐고, 그가 발행한
뉴스레터 〈다우이론 코멘트Dow Theory Comments〉는 1932년의
약세장 바닥과 1938년의 강세장 반전을 정확히 예측해
다우이론의 예측 능력을 입증했다는 평가를 받았다.

4

이로써 다우이론은 모든 사람들이 정확히 알고 있지는 않지만 매우
중요하다고는 생각하는 "고전"의 반열에 올랐다. 사실 다우이론을
몰라도 주식시장을 분석하는 데 아무 문제도 없고 높은 수익률을
올릴 수도 있다. 그러나 다우이론은 주식 투자자라면 한번쯤
공부해볼 만한 가치가 있다고 생각된다. 다우가 창안한 평균주가와
그 후 해밀턴과 레아가 발전시킨 다우이론은 크게 세 가지 의미를
갖는다. 첫째, 평균주가는 최초의 주가지수로 주식시장 분석의
단초를 제공했다. 시장 상황을 파악하려면 우선 주가지수부터 알아야
한다. 둘째, 순간순간 시장에서 결정되는 주가를 단속(斷續)적인
가격이 아니라 연속적인 주가의 흐름으로 인식했다. 셋째,
주식시장을 개별 종목이 거래되는 단순한 거래소가 아닌 모든 정보가
모여들고 향후 경제 전망까지 해주는 바로미터로 봤다.
이 책은 다우이론 해설서가 아니다. 120여 년 전 주가지수를
고안하면서까지 주식시장에 대해 고민했던 한 인물의 생각을 있는
그대로 전달하기 위해 쓰여진 것이다. 이를 위해서는 그가 직접 쓴
글을 옮겨야 했고, 가장 효과적인 전달 방법을 찾다 보니 발췌 형식을
취하게 됐다. 다우는 따로 저서를 남기지 않았고, 〈월스트리트저널〉에
남긴 칼럼이 전부다. 다행히 해밀턴과 레아의 글에서 다우의
투자 철학을 읽을 수 있는 에센스를 추릴 수 있었다.

5

주식시장에 새로운 것은 없다. 더 많이 변할수록 오히려 그 모습
그대로 남아 있을 것이다. 단기적으로는 인간의 탐욕과 두려움이
주식시장을 지배하겠지만, 장기적으로는 주식의 가치가 수익률을
결정할 것이다. 늘 그래왔고, 역사가 이를 증명한다.
월스트리트가 우리에게 말해주는 중요한 교훈들은 이미 오래 전에
배운 것들이다. 다만 너무 자주 망각할 뿐이다. 인간의 본성은 변하지
않고, 주식시장의 역사는 반복된다. 주식시장이 생겨난 이래
사람들이 시장에 대응하는 방식은 똑같았다. 세월이 흐른 뒤에도
똑같은 주가 흐름이 반복되는 것은 이 때문이다.
현대 투자이론의 꽃이라는 자본자산가격결정모델(CAPM)과
블랙-숄즈 모델로 불리는 옵션가격결정모델 같은 새로운 이론이
연이어 발표되고 있지만 주식시장을 둘러싼 불확실성의 무게는
여전히 그대로다. 2008년 가을 전세계 금융시장이 패닉에 빠졌던
것처럼 주식시장은 끊임없이 광기에 휩싸였다가 붕괴하고 다시
떠오를 것이다. 그럴 때마다 투자자들은 큰 상처를 입겠지만 이 책의
독자들은 예방접종을 맞은 효과를 얻을 수 있을지 모른다.
다우와 해밀턴, 레아가 들려주는 귀중한 가르침을 읽고 또 읽기를
바란다. 그러면 적어도 지난 100여 년간 수많은 투자자들이
저질러왔던 어처구니없는 실수들을 되풀이하지 않을 것이다.

일러두기

1. 원문 가운데 일부가 고문(古文)으로 불필요하게 복잡하거나 산만한 경우가 있었는데, 의미를 훼손하지 않는 범위 내에서 뜻이 명확하게 전달될 수 있도록 정리했습니다.

2. 찰스 다우의 글은 전부 〈월스트리트저널〉에 1899년부터 1902년까지 쓴 칼럼이며, 윌리엄 피터 해밀턴이 〈월스트리트저널〉과 〈배런스〉에 1903년부터 1929년까지 쓴 칼럼에서 골라낸 글은 출처 표시를 WSJ와 Barron's로 하고 날짜도 함께 적었습니다.

3. 《주식시장 바로미터》는 1922년에 출간된 윌리엄 피터 해밀턴의 저서며, 《다우이론》은 1932년 출간된 로버트 레아의 저서입니다.

4. *표시로 된 설명은 모두 옮긴이가 쓴 것입니다.

5. 원문 내용 가운데 부득이하게 생략한 부분은 (······)으로 표시했습니다.

시장의 움직임

투자하기에 앞서 우선 시장의 전반적인 상황을 평가해보라.
시장은 하락세인가 상승세인가?
매물이 출회되고 있는 흐름인가 물량을 쌓아가고 있는 흐름인가?
그렇다면 이 상황에서 가장 안전한 길은 무엇인가?
시장의 전반적인 흐름이 부정적이라면
시작하기 전부터 불리한 조건을 안고 싸우는 셈이 된다.
반드시 순풍을 타야 한다.
역풍을 맞으며 나아가려는 것은 무모한 짓이다.

1

주식시장이 의미 없이 움직이는 경우는 없다.
때로는 움직이고 난 뒤 한참이 지나서야
비로소 그 의미가 밝혀지기도 하고,
심지어 영원히 드러나지 않을 때도 있다.
그러나 시장의 모든 움직임은 그렇게 된 원인에 대해
완벽한 지식을 갖고 있을 때만 합리적으로 설명할 수 있다.
주식시장은 모든 사람이 알고 있는 모든 정보와
그들의 바람, 믿음, 기대를 전부 반영한다.
시장은 이 모든 것들을 전부 반영해
냉혹한 평결을 내리는 것이다.

|| 주식시장 바로미터 ||

2

주식시장은 작전 세력보다는 물론이고
금융기관들을 전부 합친 것보다도 더 크다.
그런 점에서 주식시장 바로미터*는
주식시장 그 자체보다 더 큰 존재라고 할 수 있다.

|| 주식시장 바로미터 ||

---

* 여기서 주식시장 바로미터는 바로 "주가지수"다. 윌리엄 피터 해밀턴은 당연히
  미국의 대표적인 주가지수인 다우존스 평균주가를 염두에 두었겠지만, 한국
  독자들은 종합주가지수(코스피지수)로 받아들여도 무방할 것이다.

3

지금은 고인이 된 돌리버 전 상원의원은 의회에서

〈월스트리트저널〉에 실린 칼럼을 읽어주며

이런 말을 남겼다.

"시장의 냉혹한 평결을 들어보시오."

그는 시장이 내리는 평결이 가혹할 정도로 정확하다는

사실을 잘 알고 있었다.

당연히 그래야 하겠지만 시장의 평결은

그것이 의식적인 것이든 무의식적인 것이든

바라는 것이든 그렇지 않은 것이든

모든 증거에 기초하고 있기 때문이다.

|| 주식시장 바로미터 ||

4

시장이 내리는 판단은 주식을 사고 파는 사람들의
희망과 바람, 충동까지 전부 균형을 이룬 것이다.
시장은 이런 모든 요인들을 정확히 반영한다.
그것도 무책임하게 떠들어대는 군중이 아니라
사려 깊은 배심원들의 마음이다.
이들 배심원은 전체적으로
변호사나 판사보다 더 많은 것을 알고 있고
"시장의 냉혹한 평결"을 이야기해줄 수 있다.

|| *Barron's* 1926년 3월 29일 ||

5 누군가 바닷가에서 조류가 밀려드는 모습을
지켜보고 있다. 이 사람은 만조 때의
최고 수위(水位)가 정확히 얼마인지 알고 싶어,
바닷물이 밀려오는 모래밭에 막대기 하나를 세워놓았다.
파도는 점점 더 높아져 막대기의 윗부분을 적셔갔다.
마침내 조류가 빠져나가기 시작할 때쯤 막대기에는
최고 수위가 선명하게 남았다.
이 방법은 주식시장의 밀물과 썰물 같은 흐름을 관찰하고
예측하는 데 유용하다. 주가의 파동은 마치
바닷물이 출렁이며 파도가 치는 것처럼 정점에
닿은 뒤에도 단 한 번에 제자리로 후퇴하지 않는다.
주가를 움직이는 힘은 서서히 밀려들어 오고, 이 흐름을
정확히 파악하는 데는 어느 정도의 시간이 필요하다.

‖ 찰스 다우 ‖

6 시장은 단순히 모든 사람들이 알고 있는 것에 따라
움직이는 게 아니다. 시장은 최고의 정보를 갖고 있는
사람이 예상할 수 있는 것에 따라 움직인다. 주식시장의
모든 움직임은 미래의 어느 시점에 설명이 가능하다.
그때가 되면 작전 세력에 대한 온갖 억측들은
하찮은 요인이었음을 알게 될 것이다.

|| *WSJ* 1913년 6월 20일 ||

7

비록 그것이 금융시장과 밀접한 연관성이 없다 할지라도
모든 사람이 그것에 대해 알고 있는 모든 사실은
월스트리트에 정보라는 형태로 모여든다. 주식시장은
등락의 과정 속에서 이 같은 정보와 지식들의 가치를
체로 쳐서 가려내듯 정밀하게 반영한다.

|| *WSJ* 1929년 5월 29일 ||

8

월스트리트에서 일하는 사람들은 물론 소위 시장의 핵심
주도 세력조차 시장이 어떻게 될지 확실히 알지 못한다.
실은 더 많이 알수록 더욱 조심스러워진다. 시장을
움직이려 애쓰는 큰손 투자자일수록 대개의 경우
누구보다 확신하지 못한다. 왜냐하면 자신들이 맞부딪칠
헤아릴 수 없는 난관과 그 어려움의 깊이를
누구보다 잘 알기 때문이다.
따라서 시장이 어떻게 움직일지 안다고 주장하는
주식 브로커가 있다면 이 사람은 전혀 믿을 가치도 없다.
더구나 자기가 일임매매를 맡을 능력이 되며,
이미 자신의 고객들에게 돈을 벌어주었다고 주장한다면
이건 사기꾼이다. 자신이 시장을 정확히 내다보지
못한다는 점을 그 사람 자신이 누구보다 잘 알고 있을
것이기 때문이다. 만의 하나 그가 백발백중의 예측 능력을
갖고 있다면 얼마 안 되는 수수료를 받고 남의 계좌를
관리해주느니 자기 돈으로 투자할 것이다. 그런 점에서
일임매매를 권하는 브로커가 있다면 그는
정직하지 않거나 머리가 모자란 사람일 것이다.

|| 찰스 다우 ||

9 주가의 흐름에는 월스트리트에서 구할 수 있는
모든 지식과 정보들이 하나도 빠짐없이 모두 반영되고
월스트리트에서 가장 확실한 안목을 갖고 있는 인물들의
미래 전망이 담겨 있다. 주식시장은 오늘 현재의
경제 상황을 말하는 것이 아니다. 주식시장이 말하는 것은
앞으로 몇 달 후의 경제 상황이다.

하나가 아닌 여러 개의 주도주를 매집하는
작전 세력에 대해서도 시장은 똑같이 말한다. 주식시장은
작전 세력보다 더 크다. 세력은 그가 바라고 기대하는
가치를 예측할 뿐이다. 이런 예측은 대개 틀리고,
개인 투자자들도 나중에 그들이 틀렸다는 사실을
알게 된다. 작전 세력이 시장을 끌어올리려 해도
대세하락 흐름에서는 불가능하다. 비록 그 숫자는
많지 않지만 계획했던 만큼 대단한 성공을 거둔 세력들의
투자 사례는 모두 대세상승 흐름에서 벌어졌다.
시장은 이들 세력보다 훨씬 더 많은 것을 본다. 따라서
대세상승 흐름이 아니었다면 작전 세력들은 결코
성공할 수 없었을 것이다. 월스트리트는 물론
다른 세계 주요 주식시장에서 활동해본 경험이 있는
사람이라면 약세장에서는 주가를 끌어올리려는

어떤 세력도 발붙이지 못한다는 점을 잘 알고 있을
것이다. 대세하락 흐름에서는 주가 하락에 배팅하는
약세론자들이 일종의 나포(拿捕) 면허증을 갖고 있는
셈이며, 이들 역시 자신의 이익을 위해 최선을 다한다.
시장을 휩쓰는 급락장세는 늘
미래에 일어날 사건에 의해 정당화된다.

|| 주식시장 바로미터 ||

10

주가지수는 채권 금리가 얼마인지, 철강 경기가 어떤지, 곡물가격과 기업 부도율, 무역수지, 저축률, 임금 추이 등 수백 가지 사항들까지 전부 고려한다. 주식시장에서 결정되는 평균주가는 이 모든 것의 결과며, 시장은 이들 요인 하나하나를 공정하게 반영할 수 있을 만큼 매우 큰 존재다. 대형 제조업체를 경영하는 기업가는 앞으로 힘든 시기가 닥칠 것이라고 예상되면 재무적인 안정을 위해 보유주식을 팔 것이다. 그는 이렇게 행동하는 기업가 가운데 한 명일 뿐이다. 따라서 그와 비슷한 다른 기업가들이 예상하는 어려운 시기가 실제로 도래하기 훨씬 이전에 주식시장은 먼저 하락하기 시작하는 것이다. 마찬가지로 현재 주가 수준이 매력적이고 주변 여건들도 우호적이라면 저금리는 강력한 강세 요인으로 작용할 것이다. 주식시장에서 누구나 알고 있는 사실은 뉴스도 아니며 아무런 영향도 미치지 못한다. 지금 금리가 낮다는 사실은 누구나 알고 있다. 시장은 극소수 사람들만 알고 있는 사실, 그리고 사업가나 은행가가 자신이 하고 있는 철강업이나 은행업에 대해 정확히 알고 있는 모든 사실들을 반영한다.

|| *WSJ* 1924년 7월 15일 ||

11

온도계는 그때그때의 실제 기온을 나타낸다.
시시각각 변하는 실제 주가를 보여주는 전광판과 똑같다.
그러나 바로미터가 되기 위해서는 반드시 예측할 수
있어야 한다. 바로미터가 중요한 이유는 이 때문이며,
다우이론의 진정한 가치도 여기서 나온다.
주식시장은 한 나라 경제는 물론 전 세계 경제의
바로미터다. 다우이론은 이 바로미터를
어떻게 읽어야 하는지를 알려준다.

‖ 주식시장 바로미터 ‖

12

그러나 이 점을 항상 명심해야 한다.

주식시장이라는 큰 물줄기가 흘러가다 보면

역류하기도 하고 소용돌이를 일으키기도 하며

다른 숱한 물줄기와 합류하기도 한다.

이런 경우를 만나게 되면 하루나 한 주, 혹은

상당히 긴 시간 동안 주식시장의 큰 흐름을

잘못 판단할 수 있다.

주식시장은 바로미터다. 이 바로미터에 꼭 필요한 것은

전문가의 시각으로 읽는 것이다. 올해 1월 22일

연중 최고치를 기록한 주식시장은

지금 불규칙적인 움직임을 보이고 있다.

철도 평균주가의 경우 갑자기 한번에 18포인트 이상

하락하기도 했고, 산업주 12개 종목으로 구성된

산업 평균주가도 이와 비슷한 하락을 경험했다.*

시장이 꽤 상승한 상태인 현재도 평균주가는

지난 4월 다소 회복했던 지점을 밑도는 상태고,

이번 달에 기록한 최고치에 비해서도 6포인트나

낮은 수준이다. 겉으로 드러난 조건들,

즉 곡물 수확 전망이나 산업 전반의 상황,

자금시장의 분위기 등은 모두 긍정적이다.

아마추어의 시각으로 바로미터를 해석한다면 분명히
지금이 기회일 것이다. 그러나 시장이 반영하고 있는 것은
겉으로 드러난 모습이 아니라 펀더멘털 요인의 변화다.
따라서 이런 변화는 지금으로부터 6개월 뒤에 비로소
현재 주가의 정당성을 입증해주지 않을까?

|| *WSJ* 1906년 6월 29일 ||

* 이 글을 쓸 당시 다우존스 철도 평균주가와 산업 평균주가는 각각 20개, 12개
의 종목의 주가를 기준으로 했다.

13

어떤 나무도 하늘 끝까지 무한정 자랄 수는 없다.

그렇지만 주식시장은 결코 예상할 수 없는 것을 제외한

모든 것들을 전부 반영한다. 주식시장이

샌프란시스코 대지진을 미리 예상할 수 있었는지는

굳이 이야기할 필요가 없다. 또 주식시장이

남북전쟁을 예상했는지에 대한 의견은 엇갈린다.

남북전쟁이 발발하기에 앞서 시장은 오랫동안 약세장에

빠져있었고, 이는 남북전쟁을 어느 정도

미리 반영한 것일 수도 있다. 어쨌든

현재의 주식시장 바로미터는 맑은 날씨를 예고하고 있다.*

‖ *WSJ* 1927년 7월 15일 ‖

* 주식시장은 이해 6월 말까지 조정을 보인 뒤 곧 신고가를 경신했는데, 해밀턴
은 이 칼럼에서 "시장이 지금 말하고 있는 것은 경제 전망이 좋다는 것이며, 시
장은 모든 악재를 무시한 것으로 보인다"고 덧붙였다.

14

강세든 약세든 대중들이 일단 마음을 정하고 나면
그 방향은 쉽게 바뀌지 않는다. 수십 명 혹은
수백 명이라면 방향을 바꿀 수도 있겠지만 다수 대중은
한 방향으로만 간다. 지금처럼 시장이 강세 분위기로
흘러간다면 적어도 다음 사건들 가운데 하나가
발생하지 않는 한 대중 심리는 바뀌지 않을 것이다.
첫째, 온 나라가 충격에 휩싸일 만한 대형 재난이 발생해
대중들이 주식에 대한 신뢰감마저 상실하는 경우다.
둘째, 신규 발행 주식이 폭발적으로 늘어나는 경우다.
이렇게 되면 주가 상승 자체가 어려워져
투자 수익은 거의 사라지거나 손실이 날 수도 있고,
대중들의 매수 여력도 바닥날 것이다.
셋째, 통화 공급이 급격히 줄어드는 경우다. 자금사정이
경색되면 주식 투자에 따르는 비용이라고 할 수 있는
금리가 올라가 결국 주식시장을 위축시킨다.
1872년에 주식 투자 열기가 식어버린 이유는
고금리와 함께 통화 긴축 정책으로 인한 시중자금
고갈 우려 때문이었다. 이런 우려는 다음해
그대로 현실화했는데, 1873년의 패닉이 다름아닌
"머니 패닉(money panic)"이었다.

1879년의 강세장이 꺾인 것은 서부 및 남서부 지역의
철도노선 확장에 따른 신규 철도주의 발행이 결정적인
원인이었다. 물론 통화 공급도 영향을 미쳤지만 중요한
이유는 되지 않았다. 1890년의 강제장에 제동을 건 것은
베어링 패닉*으로 인한 영국 투자자들의 매도 공세였다.
현재의 강세장도 당연히 때가 되면 수그러들 것이다.
이번에는 대중들이 소화할 수 없을 정도의 엄청난
산업주 신규 발행이 그 원인이 될 것이다.
시중의 여유 자금이 아무리 풍부해도 신규 주식이
쏟아져 나오기 시작하면 감당할 수 없다.

‖ 찰스 다우 ‖

* 베어링 패닉(Baring Panic)이란 1890년 당시 아르헨티나 정부 채권을 대거 보유
하고 있던 영국 베어링 브라더스가 아르헨티나의 거품 붕괴로 유동성 위기에
빠져 파산이 불가피해지자 주식시장과 채권시장이 패닉에 휩싸였던 것을 말한
다. 베어링 패닉은 결국 영국 중앙은행인 영란은행(BOE)이 베어링 브라더스에
긴급 구제금융을 제공함으로써 간신히 진정됐다. 찰스 다우의 이 칼럼이 실린
1899년 4월 24일의 다우존스 산업 평균주가는 76.53으로 그해 1월 1일의
60.41보다 30% 가까이 오른 상태였다. 다우의 예상대로 주식시장은 이해 12월
부터 내리막길을 걷는다.

15

투기를 한다면 (……) 아주 드문 예외적인 경우를
제외하고는 어떤 주식도 시장 전체의 흐름을 거스른 채
홀로 상승하면서 이익을 가져다 주기를
기대해서는 안 된다.

|| 다우이론 ||

16

주식시장은 때로 현재의 경기 상황과 반대로
움직이는 것처럼 보이기도 하지만 그렇기 때문에
시장의 유용성은 더욱 중요해지는 것이다. 주식시장의
진정한 예측 능력은 여기서 나온다. 주식시장이 우리에게
전해주는 것은 오늘의 경기 상황이 아니라 앞으로의
경기가 어떻게 전개될 것인가 하는 점이다.
이미 알려진 뉴스는 뉴스로서의 가치가 떨어진다.
어떤 사실을 모든 사람이 알게 되면 그 시점부터
시장 변수로서의 기능을 상실한다. 주식시장이
충격과 경악에 빠져 패닉이 나타나는 극히 드문 경우만
제외하면 그렇다.

‖ 주식시장 바로미터 ‖

17

많은 사람들은 어느날 하루의 주가 변동이
그 자체로 완결되며, 그 이면에서 진행되고 있을
큰 주가 흐름과는 아무런 관련이 없는 것처럼 생각한다.
절대로 그렇지 않다. 주식시장에는 제각기 고유한 특징을
갖고 있는 세 가지 움직임이 있다는 사실만큼 확실한 것도
없다. 첫 번째는 매일매일의 주가 변동인데, 이는
국지적인 각종 요인에 따라, 특정 시점의 수요와 공급에
맞춰 움직인다. 두 번째는 10일에서 60일 정도에 걸친
움직임으로 평균 지속기간은 30~40일이다.
세 번째는 4년에서 6년에 이르는 거대한 주가 흐름이다.

‖ 찰스 다우 ‖

18

평균주가에는 세 가지 흐름이 있다. 이들 세 가지
주가 움직임은 동시에 이뤄진다. 가장 중요한
첫 번째 움직임은 기본적인 주가 흐름이다. 몇 년간
이어질지 모를 대세상승이나 대세하락과 같은
긴 강세장 혹은 약세장이다. 두 번째는 매우 속기 쉬운
움직임으로 시장의 2차적인 반동이다.
기본적인 주가 흐름은 강세장인데 급락한다거나,
기본적인 주가 흐름은 약세장인데 갑작스럽게
랠리가 나타나는 것이다. 이런 2차적인 반동은 대개
3주에서 길어야 몇 달 정도 이어진다. 그리 중요하지 않은
세 번째 주가 흐름은 매일매일의 상승과 하락이다.

‖ 다우이론 ‖

19 주식시장의 가장 큰 출렁임이라고 할 수 있는
기본적인 주가 흐름의 지속 기간과 그 정도는
주식시장 바로미터가 지니고 있는 예측 능력을 더욱
높여준다. 기본적인 주가 흐름의 진폭이 얼마나 될 것인지
정확히 알려주는 수단은 없지만 앞으로 닥칠
경기 호황과 경기 침체의 강도가 어느 정도일지는
주가 흐름을 통해 미리 예측할 수 있다.

‖ *Barron's* 1924년 3월 10일 ‖

20

지난주 내내 시장은 적은 거래량 속에서 주가 변동도 거의 없이 제자리걸음만 했다. 지난 목요일(3월 23일) 철도 평균주가는 보합에 머물렀고, 산업 평균주가는 0.01포인트 하락했다. 이는 지금까지 평균주가가 보여준 완벽한 균형 상태라고 할 수 있다.

단순한 우연의 일치일 수도 있지만 주식시장 전반에 드리운 침체 분위기를 잘 드러낸 것으로 보인다. 시장이 이처럼 가라앉아 있다는 사실도 그 자체로 하나의 징후다. 주식시장을 피상적으로 관찰하는 분석가라면 시장이 갑작스럽게 발생한 중요한 사건들에 별로 반응하지 않는다는 사실에 깜짝 놀란 경우가 자주 있었을 것이다. 주식시장이 외부 충격에 반응하는 과정은 너무나 미묘해 따라잡을 수 없는 것처럼 보일 때도 있다.

주식시장의 흐름은 의식적이든 아니든 과거가 아니라 미래를 반영한다. 앞으로 일어날 사건들은 실제로 발생하기 이전에 그 그림자를 드리우게 되고, 그 그림자는 뉴욕증권거래소에도 미치게 되는 것이다. 지금 시장은 단순히 경기 전반이 침체에 빠져있다는 것을 말하는 게 아니다. 우리가 시장을 이해하는 방식이 조금이라도 일리 있는 것이라면, 이는 앞으로 경기 침체가 나타날 것임을 예측해주는 것이다. 그러나 다른 방식으로 바라볼 수도 있다. 시장이 새로운 자극을 필요로 하고 있다고 볼 수 있는 것이다. 투자신탁회사들이 시장에 큰 영향을 미치는 것은 사실이지만, 시장은 이들의 결정과 무관하게 돌아가기도 한다. 가령 기술적으로 볼 때는 노던 시큐리티즈(Northern Securities)가 월스트리트에 불리한 결정을 내렸다 하더라도, 한참 뒤에는 이것이 최고의 강세장 가운데 하나를 여는 기폭제였다고 평가될 수 있는 것이다.

|| *WSJ* 1911년 3월 27일 ||

21

다우존스 평균주가를 근거로 기록한 1897년 이후의
강세장 가운데 1929년 천정을 친 뒤 하락세로 반전한
강세장보다 평균주가의 흐름을 쉽게 읽을 수 있었던
경우는 없다.

주가의 거품을 알려주는 온갖 지표들이 다 나왔다.
거래량은 과도할 정도로 많았고, 증권회사의
주식 매수자금 대출은 연일 최고치를 경신했다.
금융기관끼리 자금을 거래할 때 적용하는 콜금리도
매우 높았다. 이로 인해 많은 기업들은 제품 생산에
투자할 돈을 월스트리트에 높은 이자를 받고 빌려주는 게
정상적인 사업을 하는 것보다 더 이익이 될 정도였다.
특정 종목을 연합해서 매수하는 세력이 기승을 부렸고,
증권회사 객장은 발 디딜 틈도 없었다. 대표적인 종목의
배당 수익률은 우량기업의 채권 수익률보다 낮았다.
기업 내용이 부실한 주식들조차 내재가치나 수익성과는
상관없이 주가가 치솟았다. 온 나라가 주식 투기에
미쳐버린 듯한 모습이었다. 노련한 투자자들은 그 시절을
되돌아보며, "새로운 시대(new era)"가 열렸다는
환상에 사로잡혀 불가피하게 닥쳐올 시장의 폭락을
피하지 못했다고 말한다.

당시 훌륭한 감각을 가진 은행가가 투자자들에게
신중해지라고 이야기하면
시장을 망가뜨리려 한다는 비난을 받았던 반면,
나중에 고객의 등이나 쳐먹은 "사기꾼" 소리를 듣게 된
다른 은행가는 슈퍼맨으로 이름을 날렸다.

‖ 다우이론 ‖

22

제비 한 마리가 날아왔다고 해서
계절이 바뀌는 것은 아니다.
랠리가 한번 나타났다고 해서
강세장이 열리는 것은 아니다.

‖ *WSJ* 1908년 7월 8일 ‖

23

어느날 하루의 평균주가와 거래량 자체는 별로
중요하지 않다. 그렇다고 해서 그날그날의 평균주가를
무시해서도 안 된다. 왜냐하면 매일매일의 주가 등락이
이어져서 미래를 예측할 수 있는 차트를 만들고,
이들 통해 우리는 모든 주가 패턴을 연구하고
이해할 수 있기 때문이다.
강철 덩어리 하나로 다리를 만들 수는 없지만
완성된 다리를 구성하는 것은 강철 하나하나라는 사실을
엔지니어들은 누구나 다 알고 있다.

‖ 다우이론 ‖

24

경제 전반이 침체에서 벗어나 호전돼가는 사이클을
생각해보자. 경기 침체기가 끝나갈 즈음 공장 가동률은
여전히 형편없을 것이다. 실업자들은 넘쳐나고 도처에서
궁핍한 생활을 목격할 수 있을 것이다. 재고는 쌓여가고,
소비자들의 구매력은 소진된 상태며, 기업들의 배당금은
바닥 수준까지 떨어진 상태다. 그렇지만 사람들은 여전히
하루 세 끼를 먹고, 옷을 입으며, 더 많은 아이들이
태어나고, 기계는 점차 노후화되며, 근로자들에게
지불하는 임금 비용도 크게 줄어든다.

마침내 이런 날이 찾아온다. 철강회사의 판매 담당 간부가
영업현장에서 올라온 보고서를 읽어보고는 비록 당장
주문이 들어오는 것은 아니지만 철강을 필요로 하는
교량과 아파트가 머지않은 장래에 건설될 계획이라는
사실을 발견한다. 철강회사 간부는 즉각 최고경영자에게
이런 상황을 알릴 것이다. 최고경영자는 부사장을 불러
경기가 다시 살아나 제철소를 재가동한다면 어느 정도의
시일이 소요되겠느냐고 묻는다. 최고경영자는 또
이사회를 열어 용광로에 불을 붙여야 하며 수리하는데
자금이 필요하다며 그 방안을 논의할 것이다.

벽돌과 시멘트, 모래가 철도를 통해 제철소로 들어오고,

용광로 재점화를 위한 새로운 인력이 고용된다.
철도회사의 화물운송 담당 간부는 철강회사로 화물들이
들어가고 있다는 사실을 최고경영자에게 보고하고,
철강회사가 이런 지출을 하는 것을 보니 향후 전망이
괜찮아질 것이라고 덧붙인다. 철도회사 최고경영자 역시
부사장을 불러 새로운 상황에 대해 상의할 것이다.
이들은 철광석을 용광로까지 실어 나르는 화차를 새로
단장하기로 결정한다. 이를 위해서는 페인트를 좀더
구입해야 하고 약간의 신규 인력도 필요하다. 용광로를
재가동하고 철광석 운반용 화차를 수리하는 데 들어간
임금과 여러 가지 비용은 근로자들의 구매력을 높여준다.
이들은 신발과 옷을 살 것이며, 따라서 신발가게와
의류점의 재고가 줄어들 것이다. 신발가게에서는 곧
신발공장에 새로운 주문을 내고, 신발공장에서는 더 많은
신발을 만들기 위해 가죽과 접착제 따위를 추가로
주문한다. 이제 바야흐로 교량과 아파트 건설이 착수돼
철강이 사용되기 시작한다. 용광로는 다시 불타오르고
철광석은 제철소로 운송된다. 곧 이어 다른 업종에서도
이런 순환 사이클이 나타날 것이다.

‖ 다우이론 ‖

25

시장의 기본적인 큰 흐름인
대세상승과 대세하락을 만들어내는 여건은
결코 하루아침에 바뀌지 않는다.

|| *WSJ* 1910년 7월 29일 ||

26

역사적으로 대(大) 강세장은
세 단계의 국면을 뚜렷이 보여주었다.
대세상승에 앞선 약세장에서는 주가를
누구나 인정하는 가치보다도 훨씬 아래로 끌어내린다.
이유는 간단하다. 다른 시장에서는 도저히
그런 가격표가 붙을 수 없을 정도로 형편없는 가격이
증권거래소에서는 형성되기 때문이다.
이것이 주식시장이 갖고 있는 바로미터 효과고,
시장이 느끼는 유동성 압박을 알려주는 것이기도 하다.
그런 점에서 대세상승 흐름의 첫 번째 국면에서 주가는
누구나 인정하는 가치로 복귀하려는 움직임을 보인다.
대개 강세장의 가장 긴 단계인 두 번째 국면에서는
전반적인 경기 호전에 힘입어 기업 가치가
보다 안정적으로 향상되고, 주가도 이를 반영한다.
이 기간에는 대세상승 흐름에서 나타날 수 있는
가장 길고, 가장 속기 쉬운 2차적인 조정이 자주 나타난다.
대 강세장의 세 번째 국면은
만약 모든 자료가 잘못된 것이 아니라면
바로 현재 시장이 예고하고 있는 단계다.
이 국면에서 투자 심리는 단순히 기업의

현재 가치뿐만 아니라 미래의 잠재력까지
주가에 반영한다.*

|| *Barron's* 1923년 6월 25일 ||

* 해밀턴은 이어 "1921년 8월부터 진행된 현재의 강세장에서 첫 번째 국면은 이
  제 막 끝났으며, 두 번째 국면으로 접어들어 주가가 새로운 가치를 반영하기 시
  작했다"고 밝혔다. 또 주가가 이미 높은 수준에 도달했지만 약세장의 조짐은
  없으며 투자 심리가 고조되는 세 번째 국면을 준비해야 할 것이라고 말해 1929
  년까지 계속될 대 강세장을 예고했다.

27

대세상승 기간에는 경기 상황의 개선과

투자 분위기의 호전에 힘입은 투자자의 주식 매수 및

투기적 사재기에 따라 주식 수요가 늘어나면서

주가가 오르는 것이다. 대세상승 흐름에는

세 가지 국면이 있다: 첫 번째는

기업 경기의 미래에 대한 신뢰가 되살아나면서

주가가 바닥권에서 탈출하는 단계다;

두 번째는 기업 이익의 증가가 확인되면서

주가도 따라서 오르는 단계다;

세 번째는 투기 열풍이 불어 닥치고

인플레이션이 확산되는 기간으로,

부풀려진 기대와 희망이 주가를 밀어올리는 단계다.

|| 다우이론 ||

28

대세상승 흐름은 비교적 적은 거래량과 함께 시작되고
폭발적일 정도의 과도한 거래량과 함께 막을 내린다.

|| 다우이론 ||

29

강세장에서는 아무런 뉴스도 없다는 게
월스트리트의 상식이다. 주가가 지금까지 상승한 이유가
알려지면 그것이 바로 강세장의 종언을
고하는 것인 경우가 많다.

|| *WSJ* 1912년 4월 1일 ||

30

절대로 잊어서는 안될 게 있다. 비록 지금
이 나라 경제가 위대한 번영의 길로 들어섰다지만
주가 상승이 영원히 계속될 수는 없다.
사상 최고치를 경신하며 작은 거품이라도 만드는 순간
너무 높이 올라간 시장은 현기증을 느끼며
불가피한 조정에 빠져들 것이다.*

|| *WSJ* 1909년 8월 24일 ||

* 해밀턴이 이 칼럼을 쓴 것은 주식시장이 천정을 치기 불과 9일 전이었다.

31

대세하락은 다양한 경제적 문제들로 인해 야기되며,
앞으로 일어날 것으로 예상되는 최악의 상황까지
전부 시장에 반영돼 주가를 끌어내리는 요인으로
작용할 때까지 계속된다. 대세하락 흐름은
세 단계의 국면으로 나눌 수 있다: 첫 번째는
앞선 강세장에서 최후로 분출되리라고 기대했던
상승 희망을 포기하는 단계다; 두 번째는
경기 부진과 기업의 순이익 감소, 배당금 축소에 따라
주식을 매도하는 단계다; 세 번째는
보유 자산의 일부라도 현금화하고 생활비를 충당하려고
우량주라도 주가에 관계없이 쫓기듯 내다파는 단계다.
이들 각각의 국면 사이사이에는 2차적인 반등이
나타나는데, 이 같은 반등은 종종 대세상승의 시작으로
잘못 해석되기도 한다. 하지만 다우이론을 제대로
이해하고 있는 투자자라면 결코 이런 2차적인 주가 흐름에
당황하지 않을 것이다.

|| 다우이론 ||

32

약세장의 마무리 단계에서는 새로운 악재가 나오고 더욱
비관적인 시각이 부각되는데 시장이 내성을 가진 듯 별로
반응하지 않는다. 또한 주가가 급락한 뒤에도 다시 반등할
여력조차 상실해버린 것처럼 보인다.

시장의 투자 분위기는 완전히 가라앉아 버려 더 이상
주가를 떨어뜨릴 세력도 없고, 그렇다고
매수호가를 높일 만한 수요자도 없는 상태에서
균형을 이룬다. 주식시장은 질질 끌려갈 뿐
일반 투자자들의 참여도 거의 없다. 온통
비관주의자들뿐이다. 기업은 배당금을 지급하지 못하고,
몇몇 대표적인 기업들마저 유동성 위기에 휩싸이며,
정치적인 불확실성마저 더욱 부각된다.

이런 문제들로 인해 주가는 바닥에서 "박스권"을
형성하는 것이다. 그리고 이 "박스권"이
위쪽으로 뚫려져 나가면 매일같이 등락을 거듭하던
평균주가가 랠리를 할 때마다 저점을 조금씩 높여가고,
랠리 뒤에 조정이 나타나도 직전 저점 밑으로는
떨어지지 않는 것이다. 그 이전까지 숨죽인 채
매수 기회를 엿보고 있던 투기 세력이 신호를
알아차리는 것은 바로 이때다.

이런 시기를 포착하기 위해서는 인내가 필요하다. 하지만
주가가 꽤 상승한 뒤에는 큰 폭의 조정이 나타난다. 물론
이때의 조정 국면에서는 앞서 대세하락 흐름에서
기록했던 저점까지 떨어지지 않고,
조정이 끝난 뒤 이어지는 다음 단계의 랠리에서는
이전에 기록했던 고점을 경신한다. 이제 시장은
강세장으로 전환된 게 확실하므로 어느 정도 안심하고
적극적으로 매수해도 되는 것이다.

‖ 다우이론 ‖

33

1921년 늦가을 무렵 해밀턴은
왜 약세장의 종말을 언급했는지에 대해 묻는
또 한 통의 편지를 받았다. 그의 답변은 이런 것이었다.
부진한 거래량, 횡보하는 주가, 악재성 뉴스에 둔감해진
시장 움직임, 반등 시도조차 실패하는 분위기,
이런 것들은 전부 최악의 상황이 끝났다는 것을 의미하며,
주가 차트를 보면 자신의 이 같은 생각을
뒷받침해준다는 것이다.*

‖ 다우이론 ‖

---

* 여기서 언급한 해밀턴의 칼럼은 〈월스트리트저널〉 1921년 10월 4일자에 실린
것이다: "여러 독자들이 나에게 편지를 보내왔는데 그 내용은 이렇다. 우선 현
재 주식시장이 처해있는 암울한 상황을 주목하라는 것이다. 또 내가 곧 주식시
장이 장기적인 상승 국면으로 전환할 것이라고 밝힌 이유가 무엇이냐는 것이
다. 비관주의자들이 바라보는 모든 부정적인 요인들은 전부 나왔다. 독일 시중
은행들의 부도 사태, 철도 운임의 폭락과 임금 하락, 관세 및 소득세를 둘러싼
불확실성, 이런 문제를 해결해야 할 의회의 미온적인 태도 등이다. 내가 답하겠
다. 주식시장은 이 모든 것들을 이미 반영하고 있다. 주식시장은 그 어떤 경제
분석가보다 훨씬 더 많고 충실한 정보원을 갖고 있다."

34

그러나 늘 그렇듯 대세상승 흐름과 대세하락 흐름이
끝나기 직전의 마지막 단계에서는
과도한 투기적 매수와 과도한 투매가
시장을 압도하는 상황이 벌어진다.

|| 주식시장 바로미터 ||

35

시장이 바닥권에 있을 때보다 정상권에 있을 때
그 전환 시점을 이야기하기가 훨씬 더 어렵다.
약세장이 오랫동안 지속되면
기업의 순이익, 배당 수익률, 유동자산 등으로 평가한
주식의 적정 가치와 평균주가 간의 괴리가 벌어지게 되고,
이런 차이는 쉽게 눈에 들어온다. 그러나 강세장이
오랫동안 이어져도 많은 기업들의 주가는 여전히
적정 가치 범위 내에 머물러 있다. 강세장이라고 해서
모든 주식이 전부 오르는 것은 아니다. 더구나
여러 복잡한 요인들로 인해, 보다 정확히 얘기하자면
주식시장 바로미터가 예측한 경제 전반의 활황세가
안정적으로 이어질 경우 강세장의 정상권에서 한동안
비교적 적은 변동폭을 유지하며 강세 분위기가
계속될 수도 있다. 심지어 강력한 약세장이 시작되기 전
근 1년간이나 평균주가가 정상권 언저리에
머무른 경우도 있었다.

|| *WSJ* 1926년 2월 15일 ||

36

대세 상승의 최후 지점인 천정을 판단하는 것보다

대세하락의 최저점인 바닥을 판단하는 게 훨씬 더 쉽다.

|| 다우이론 ||

37

지금 시장은 새로운 자극 요인을 기다리고 있다.
현 단계에서 그것은 1908년의 상승기에 나타났던 것보다
더 강력한 것이 되어야 한다. 2000톤 급의 증기선을
가장 경제적으로 운항하려면 하루 100톤의 석탄을 투입해
12노트의 속도를 내는 것이다. 13노트의 속도를
내기 위해서는 130톤의 석탄이 필요하다. 15노트의
속도를 내려면 증기기관을 강제로 냉각하더라도
아마 200톤의 석탄이 필요할 것이다.

주식시장도 이와 똑같다. 강세장에서는 모든 게
상승 요인으로 보인다. 돈을 벌고 있는 트레이더들은
이전의 경험은 무시한 채 주가가 떨어질 만한 이유는
아예 쳐다보지도 않는다. 시장 흐름이 어렵게 돌아가기
시작해도 여전히 잠깐의 휴식은 새로운 힘을 모으는
기회일 뿐이라고 믿는다. 이 같은 분위기는 이미
1907~08년의 긴 강세장 중 몇 차례 나타났던 조정기에
확인할 수 있었다. 시장의 엔진이 "경제적인 적정 용량"을
넘어서게 되면 엔지니어들 가운데 누군가는 이제 약간의
속력을 더 내기 위해서는 지금보다 훨씬 더 많은 연료를
투입해야 한다는 사실을 알게 되는 게 당연한 이치다.

|| *WSJ* 1909년 1월 21일 ||

38

강세장의 안전판 가운데 하나는 2차적인 조정이다.
과도한 투기 열풍을 가장 효과적으로 억제하는 장치가
바로 그것이기 때문이다.
2차적인 조정이 발생하면 사람들은 늘
특정한 악재성 뉴스 때문에 촉발됐다고 성토하지만
실제로는 시장 자체가 이미 어느 정도 취약해졌고,
그래서 조정이 쉽게 나타날 수 있었던 것이다.

|| 다우이론 ||

39

정상적인 강세장이 진행돼 시장이 계속해서 상승하면
일반 투자자들은 마음 놓고 투자 규모를 늘려나간다.
이들은 나중에 주가가 오르면 팔겠다는 희망과 함께
주식을 사들이는 것이다. 그런데 어느날 매수자보다
매도자가 많아 매물이 제대로 소화되지 못할 수 있다.
언제나 이런 상황을 대비하는 프로 투자자들은
공매도 물량을 계속 늘려나가고, 그러면 개인 투자자들은
패닉에 휩싸여 보유 주식을 내다판다. 추세를 거스르는
조정은 더욱 심해지는 것이다. 몇 주 동안 계속해서
오른 뒤 이처럼 개인 투자자들의 투매와 프로 투자자들의
공매도가 함께 나타나면 며칠간 주가는 급격히 후퇴한다.
이런 격렬한 급락세에 직면하면 마음 약한 주식 보유자나
신용으로 주식을 매수했던 투자자들은 보유 물량을
전부 처분해버리고 만다. 그 결과 주가는
노련한 트레이더들이 다음 상승을 준비하면서 물량
확보를 시작하는 수준까지 떨어지게 되는 것이다.
대세하락 흐름에서는 이와 반대 현상이 벌어진다.
현금이 필요한 투자자들이 꾸준히 주식을 내다팔면서
주가는 갈수록 떨어진다. 프로 투자자들 역시
오를 가능성보다 내릴 가능성이 더 크다는 사실을

알고 있으므로 공매도를 통해 하락폭을 더욱 키운다.

결국 주가는 현재 주식시장이 처해있는 상황을 감안해도

그보다 더 심각한 수준으로 떨어진다. 공매도 물량이

너무 과도할 정도로 많아졌을 수도 있다.

노련한 트레이더들은 현금을 확보하기 위한

일반 투자자들의 매도 물량이 적어도 단기적으로는

충분히 소화됐다는 사실을 알고 있다. 이들은

불가피하게 출현할 랠리를 준비하며 물량을 확보하기

시작한다. 평균주가의 흐름을 보면 알 수 있듯이

약세장에서도 랠리는 주기적으로 나타나기 때문이다.

‖ 다우이론 ‖

40

강세장에서 위로 올라가려는 압력이 너무 높아지면,
마치 보일러의 안전 수치가 정상 범위를 벗어나기 전에
증기 보일러의 안전밸브가 열리며 압력을 낮춰주듯이
2차적인 조정이 나타나는 것이다.

‖ 다우이론 ‖

41

강세장의 정상권에서 평균주가가 내림세로 반전할 때는
통상적으로 급격한 하락세는 출현하지 않는다.
마찬가지로 약세장의 바닥권에서, 나중에 그것이
새로운 강세장의 서곡이었음을 확인할 수 있는
랠리가 나타날 경우에는 대개 상승세가 완만하고
중간중간에 다시 후퇴하기도 하며,
하락할 때 거래량이 눈에 띄게 줄어드는 경향이 있다.

‖ 다우이론 ‖

42 강세장에서 나타나는 2차적인 조정의 공통적인 특징은
조정 국면에서 만들어내는 단기 저점에서는
거래량이 비교적 많다는 점이다. 그 뒤 하루나 이틀은
거래량이 약간 줄거나 비슷한 수준을 유지하면서
상승세를 보인다. 곧 이어 다시 하락세가 나타나지만
앞선 단기 저점 아래로는 떨어지지 않는다.
이를 통해 2차적인 조정 국면이 다 끝났으며,
대세상승 흐름이 재개될 것이라고 추정할 수 있다.
물론 이런 추측이 가능하려면
앞서 나타난 2차적인 조정 때 기록했던
저점으로부터 올랐던 상승폭의 33~66%를
이번 2차적인 조정에서 내주었다는 것을 전제로 한다.

‖ 다우이론 ‖

43

대세하락 흐름에서 나타나는 2차적인 반등은 갑작스럽고
급격하다는 특징이 있다. 이런 특징은 시장이 패닉에 빠져
급락한 뒤에 오는 주가 회복 단계에서 두드러진다.
투자자에게 정말로 중요한 시점은 단순히 하락하고 있을
때가 아니다. 오히려 시장이 한차례 반등을 경험한 뒤
과매도 상태에 빠져들었을 때가 결정적인 순간이다.
바닥권에서는 늘 과도할 정도의 약세 분위기가 시장을
지배한다. 진짜 프로 투자자들은 엘리베이터 보이가
"공매도했다"고 자랑하는 소리를 들으면 과감히
대중들의 반대쪽에 돈을 건다.
과거 수십 년간의 평균주가를 보면 기가 막힐 정도로
일정하게 나타나는 현상이 하나 있다. 대세하락 흐름에서
2차적인 랠리가 나타난 뒤에는 항상 박스권을
형성한다는 것이다. 여기서 박스권은 일반 투자자들의
매수 여력이 아직 남아있는지 끝까지 시험해보는
구간이다. 주가가 큰 폭으로 떨어지게 되면 늘
반발 매수세가 출현해 지지선을 형성한다. 보유 물량이
너무 많아 쉽게 빠져나갈 수 없는 계좌의 방어 수단이다.
이런 계좌가 반등의 단초를 제공한다. 또한 앞서
공매도했던 물량이 청산되고, 저가에 매수하려는

투자자들이 들어와 반등의 계기를 만들어준다. 그러나
결국 일반 투자자들의 매수 여력이 한계를 드러내면
시장은 다시 한번 천천히 추가로 하락해 대개의 경우
새로운 저점을 만들어낸다.

평균주가로부터 도출한 과학적 추론이 아니라 단순히 그
가능성을 이야기하자면 현 단계에서는 강력한 반등이
나타날 확률이 높아 보인다. 하지만 평균주가는
대세하락이 아직 끝나지 않았으며 연장됐을 뿐이라고
말하고 있다. 이제 남은 문제는 언제 매수해야 좀더
확실한 기회를 잡을 수 있는가 하는 것이다.

‖ *WSJ* 1921년 6월 23일 ‖

44

적어도 1년 이상 지속되는 긴 강세장에서 나타나는 상승세는 가끔씩 등장하는 2차적인 반등이나 조정에 비해 비교적 완만하게 진행된다. 바로 이런 이유로 대세하락 흐름에서는 급격한 반등이 오히려 자연스러운 것이다. 지난해 가을 고점을 찍고 하락세를 타기 시작한 이후 시장은 떨어질 때 보다 상승할 때의 속도가 더 빨랐다는 사실을 알 수 있다. 거래소 현장에서 직접 주문을 처리하는 플로어 트레이더들에게는 딱 맞는 시장 환경이 만들어졌다. 일시적으로 매물이 전부 소화되는 시점이 올 것이고, 그러면 현재 주가 수준을 매력적이라고 생각하는 많은 사람들이 당장 주식을 매수하겠다고 뛰어들 것이다. 그 한편에는 위험을 무릅쓰고 큰돈을 벌려고 하는 공매도 세력이 포진하고 있다. 따라서 일단 상승세가 시작되면 저가 매수자들과 함께 공매도 물량을 청산하려는 공매도 세력까지 가세해 주가는 급격하게 올라가는 것이다.

이렇게 촉발된 매수세는 일반적으로 상승 기세가 소진되고, 시장이 균형점에 도달할 때까지 이전 낙폭의 30~50퍼센트를 만회하는 반등의 동력을 갖고 있다. 시장 에너지가 바닥을 드러낼 때쯤이면

상승 추세를 믿지 못하는 주식 보유자들이 이익 실현을
위해 매물을 내놓고, 약세론자들도 비축했던 힘을
발휘할 수 있게 돼 결국 시장의 공급이 수요를
넘어서는 것이다. 이제 예전의 활기찬 상승세가
재개되기 위해서는 더욱 강력한 새로운 동인이
필요하다는 믿음이 자리잡는다. 따라서 주가가
다시 주춤거리기 시작한 지금은 매우 흥미로우면서도
결정적인 시기라고 할 수 있다.

|| *WSJ* 1910년 3월 19일 ||

45 시장의 오랜 상승세 이후 조정이 나타나면
대개 상승폭의 절반 정도를 후퇴한 뒤
시장은 다시 원래의 추세로 돌아가
앞서 조정을 거치면서 기록했던 저점과
이전 고점 간의 간격을 메운 다음 새로운
상승 에너지를 분출한다.

|| *WSJ* 1906년 4월 16일 ||

46

패닉을 구분짓은 것은 매우 중요하다.

대세하락 흐름에서 나타나는 장기적인 하락세와

확연히 구분되는,

패닉으로 인한 급락세가 출현한 뒤에는 언제나

평균주가가 패닉 현상을 보이며 떨어졌던

하락폭의 40~60%를 회복한다는 사실을 알 수 있다.

그리고는 패닉이 벌어질 당시 주식시장을 지지하기 위해

사들였던 물량이 출회되기 시작하면 곧

다시 하락하게 되는 것이다.

|| *WSJ* 1907년 12월 25일 ||

47

경기가 "붐"을 탈 때와 경기 침체기 간에는
유사한 점이 있다. 마치 눈덩이가 경사진 언덕을
빠르게 굴러가면서 불어나는 것처럼 움직인다는 것이다.
처음에는 움직임이 둔하지만 점점 가속도가 붙어
대개는 끝나기 바로 직전에 가장 빠르다.
그 동력이 무엇인지 생각해보면 왜 이렇게 움직이는지
분명하게 드러난다. 경기 붐은 사람들의 자신감이 조금씩,
하지만 점점 더 빨리 불어나면서 형성된다.
1895년과 1896년에는 미국의 금융과 상거래 부문 모두
자신감이 바닥을 헤맸다. 아무도 자기 사업에서
리스크를 감수하려 들지 않았고, 따라서 아무도
먼 장래를 계획하지 않았다. 모두가 가능한 한 빨리
자기 돈만 챙기려 들었다. 이런 상황은 1896년
"브라이언 선거전"*에서 절정을 이루었는데,
짧은 시기였지만 기업인과 금융인들조차
사업을 뒷전으로 미뤄놓았을 정도였다.
미래에 대한 자신감을 뿌리째 뒤흔들었던
그 엄청난 두려움은 그해 맥킨리가 대통령에
당선됨으로써 완전히 사라졌다. 맥킨리가 당선된 것은
1896년 11월이었지만, 자신감이 살아나고 있음을

확실히 감지할 수 있었던 것은 다음해 여름과 가을이
되어서였다. 더구나 자신감의 회복 속도는 너무나 더뎌
당시 월스트리트 입장에서 보면 무척 실망스러울
정도였다. 그러나 1897년 하반기와 1898년 한 해 내내
자신감은 점점 더 빠르게 살아났고, 1899년 1/4분기에는
완전히 회복한 상태가 됐다. (······) 지금 이 나라의 번영이
가속화하는 것을 바라보면서 혹자는 4년간 이어져온
경기 붐에 무슨 조정이 있겠느냐며 반문한다.
그러나 역사를 돌아보면 자신감이란
연약한 한 줄기 갈대와 같아서 가장 높이 자랐을 때
외부 충격으로 인해 가장 쉽게 쓰러질 수 있는 것이다.
지난 봄 무렵 사람들의 자신감이 가장 높이 자란 것이
아니었다고 누구도 장담하지 못할 것이다.

‖ 찰스 다우 ‖

* 브라이언 선거전(Bryan campaign)이란 네브라스카 주 출신의 연방 하원의원
인 윌리엄 제닝스 브라이언이 민주당 후보로 나섰던 대통령 선거전을 말한다.
진보적 정치인이었던 브라이언은 공화당의 맥킨리 후보에 맞서 금권정치와 배
금주의를 비난하고 농민의 이익을 대변하는 반(反) 기업적인 선거운동을 펼쳤으
나 결국 패배했다. 이 칼럼은 1901년 8월 31일자 〈월스트리트저널〉에 실렸는데,
다우가 마지막 구절에서 이야기한 지난 봄(3월 13일)에는 다우존스 철도 평균주
가가 사상 처음으로 100.09를 기록하며 세 자리 수를 넘어서기도 했다.

48

시장의 힘이란 전체 주식 거래량이라고 해도
과언이 아니다. 시장의 힘이 더 커질수록 그 결과로
나타나는 추진력과 반작용도 강력해질 것이다.
대세상승의 정점 부근에서는 "박스권"의 진폭이 더
넓어지면서 거래량도 늘어난다. 이와는 반대로
대세하락의 바닥 부근에서는 "박스권"이 더 좁아지면서
거래도 지지부진한 기간이 이어진다.

|| 다우이론 ||

49 수십 년에 걸친 평균주가와 거래량의 흐름을 나타낸
차트를 자세히 살펴보면 대세상승 국면에서 신고가가
만들어지거나 대세하락 국면에서 신저가를 기록할 때는
언제나 거래량이 증가한다는 사실을 알 수 있을 것이다.
거래량 증가는 대개 최후의 정점에 근접해 일시적으로
주가 흐름이 반전되는 것처럼 보일 때까지 계속된다.

‖ 다우이론 ‖

50

주가가 상승세를 타면서 대규모 매물이 출회됐던 것 같다.
하지만 주식시장의 기술적 분석이 보여주듯이
이 매물은 모두 원만하게 소화됐다.
작은 조정이라도 나타나면 거래량은 크게 줄어들고,
상승세가 다시 이어지면 거래가 활발히 이뤄지고 있다.
프로 투자자들은 누구나 알고 있듯이 이것은 시장의
중심추가 여전히 강세쪽이라는 사실을 알려주는 강력한
신호다. 주말이 가까워지면서 시장에는 매물이 늘어났고
완만한 조정은 충분히 나올 만했다.
약세론자들은 대개 주식을 너무 일찍 매도한 바람에 다시
그 주식을 되찾고 싶어하는 사람이거나, 혹은
처음부터 시장의 상승을 믿지 않았다가 뒤늦게
운명의 여신에게 한 번만 매수 기회를 달라고 애원하는
사람들이라는 점을 알아야 한다.

|| *WSJ* 1911년 2월 6일 ||

51

긴 상승장이 끝난 뒤 강력한 하락 압력이 나타난 다음에는
급격한 랠리가 뒤따르는 게 통상적인 주식시장의
모습이다. 대세하락 흐름에서 나타나는 반등은 일단
매물이 나오기 시작하면 금방 후퇴해버리고 말지만
대개는 시장이 하락할 때 이를 지지하기 위해 매수했던
주식의 매물 소화를 위해 불확실한 소강 국면이 나타난다.
이번주에는 이 같은 소강 국면이 예상되지만,
진짜 시험대는 시장이 이렇게 나오는 매물들을
제대로 흡수할 수 있느냐에 달려있다.

‖ *WSJ* 1910년 1월 24일 ‖

52

시계추의 진자 운동처럼 주가의 출렁임도
균형점에 도달할 때까지 점점 더 작은 궤적을 그려간다.
시장은 이런 과정을 거치며 새로운 동력을
기다리는 것이다.

|| *WSJ* 1910년 4월 16일 ||

53

월스트리트에서 활동하는 트레이더들은
시장이 어떻게 돌아갈지 알고 있을 것이라고 생각하는
사람들이 많다. 실상은 전혀 그렇지 않다.
주식 투자에 관해 진정으로 많이 알고 있는 사람일수록
시장의 흐름에 더욱 조심스러워 한다.
이들이 알고 있는 것은 시장이 현재 처해있는
일반적인 상황일 뿐이다.

‖ 찰스 다우 ‖

54

늘 시세표를 주시하며 거래하는 트레이더들은
순간적으로 즉각 대응할 수 있다. 하지만 이렇게 재빨리
행동을 취할 수 있다는 게 아주 큰 약점이 되곤 한다.
순간적으로 대응하다 보면 잘못된 타이밍이었는데도
이미 일이 끝나버린 경우를 종종 발견하기 때문이다.

‖ 찰스 다우 ‖

55

주식시장은 기업 경기를 따라 움직이는 결과물이지
경기를 움직이는 원인이 아니다. 그러나 주식시장은
결과물이기는 해도 경기에 앞서 미리 움직이기 때문에
주가가 하락하면 상품가격도 떨어질 것이라고
예상할 수 있다. 왜냐하면 주식시장 참여자들이
주가를 떨어뜨렸다는 것은 경기 상황의 변화를
미리 예측하고 주식을 팔았다는 것이기 때문이다.
뒤이은 주식시장 침체는 전반적인
경기 악화로 인한 것이다. 상거래가 위축되고,
철도회사의 순이익이 줄어들고, 내구재 수요는 감소하고,
돈은 제대로 돌지 않아 결국
나라 전체의 경제성장이 위축되는 것이다.
우리는 시장의 하락이 언제 시작될지,
어떤 자산이 가장 크게 하락할지 알지 못한다. 하지만
어떤 사건들이 일어나고 있는지 개괄적으로만 관찰해도
과거의 경기 순환 사이클 수준의 정확성으로
예측할 수 있을 것이다.*

|| 찰스 다우 ||

* 이 칼럼은 1901년 6월 8일자 〈월스트리트저널〉에 실렸는데, 이해 다우존스

철도 평균주가는 사상 처음으로 100을 돌파한 뒤 5월 1일에는 사상 최고치 (117.86)를 기록했고, "노던 퍼시픽 매집 사건"에도 불구하고 6월까지 줄곧 강세를 이어갔다. 1900년 6월의 철도 평균주가가 72~75 수준이었으니 불과 1년 만에 50% 이상 상승한 셈인데, 다우는 이 같은 주식시장의 과열 분위기를 경계한 것이다.

주식의 가치

주식의 가치는 순간순간의 주가 등락에는 아무런 영향도 미치지 못한다.
그러나 가치는 장기적으로 주가에 결정적인 영향을 미친다.
주식의 가치는 궁극적으로 투자자들의 수익률을 좌우한다.
주가는 다름아닌 투자자들이 만들어낸다.
이건 누구도 부인할 수 없는 사실이다.
일시적으로는 투기 세력이 주가에 큰 영향을 미칠 수 있다.
마음대로 주가를 올리거나 떨어뜨리기도 한다.
투자자들을 현혹해 자기가 팔 때 사도록 하거나 자기가 살 때 팔도록 할 수 있다.
그러나 세력의 힘은 오래 가지 못한다.
결국은 투자자들이 진실을 깨닫는다.
투자자들은 투기 세력이 뭐라고 하든 사고 싶은 주식을 사고
팔고 싶은 주식을 팔게 된다.
그렇게 해서 주가는 진정한 가치에 가까워지는 것이다.

56

시장을 읽는 최선의 방법은 가치 투자의 시각으로
바라보는 것이다. 주식시장이란
바람에 따라 이리저리 움직이는 풍선 같은 게 아니다.
주식시장은 많은 정보와 지식은 물론 통찰력을 갖고 있는
사람들의 진지하면서도 사려 깊은 노력을 반영한다.
이들은 주가가 그 기업의 내재가치에 접근하도록
조정해나간다. 이들이 생각하는 가치란
기업의 현재 가치 혹은
그리 멀지 않은 장래에 갖게 될 것으로 기대되는 가치다.
시장에 결정적인 영향을 미치는 기관투자가나
큰손들이 갖고 있는 생각은 주가가 오를 것인지의 여부가
아니다. 이들은 매수하고자 하는 기업의 내재가치가
다른 투자자나 투기자들을 끌어들일 수 있는가를
생각한다. 다른 투자자들이 따라오게 되면
6개월쯤 뒤에는 현재 주가보다 10~20%는
쉽게 오를 수 있을 것이기 때문이다.
그러므로 시장을 읽는 데 가장 중요한 포인트는
어떤 주식의 내재가치가 앞으로 3개월 후
어느 정도가 될 것인지 찾아내는 것, 그리고
기관투자자나 큰손들이 이 종목의 주가가

내재가치에 근접하도록 주가를 올리고 있는지 여부를
관찰하는 것이다. 이런 방식으로 하면
주식시장의 흐름이 확연하게 드러날 것이다.
어느 주식의 내재가치를 안다는 것은
현재 주식시장의 흐름이 어떤 의미인지를
이해하는 것이다.

|| 찰스 다우 ||

57

워털루 전쟁의 결과가 나오기 일주일 전 로스차일드는
영국정부가 발행한 국채를 액면가의 54%에 매수했다.
한 친구가 그에게 묻기를, 이처럼 전망이 불확실한
형국인데 어찌 그렇게 확신을 갖고 매수할 수 있느냐고
했다. 로스차일드는 이렇게 답했다; "전망이 확실하다면
이 국채가 액면가의 54%에 팔릴 수 있겠나?"
그는 불확실한 전황으로 인해 국채가 내재가치 미만으로
팔리고 있다는 사실을 알고 있었던 것이다. 그 시기는
누구나 현금을 원하던 시기였지만, 그는 이미 현금을 손에
쥐고 있던 몇 안 되는 사람 가운데 한 명이었다.
아무도 모르는 사실이지만 제이 굴드와 친하게 지냈던
러셀 세이지는 주식시장이 패닉에 빠졌을 때
월스트리트의 어느 누구보다도 많은 돈을 확보해놓고
있었다. 그는 유동성이 높은 자산과 만기가 다 된 채권,
당좌예금처럼 언제든 현금화할 수 있는 자산만
갖고 있었다. 그렇다고 해서 그가 무조건 현금다발을
쌓아두려고 한 건 아니었다. 그는 사람들이 패닉에 빠져
가치는 생각하지 않고 허겁지겁 팔려고 할 때 마음껏
주식을 사들이고자 했다.

‖ 주식시장 바로미터 ‖

58 누구든 투자자로서 가장 먼저 고려해야 할 것은
자신이 거래하고자 하는 주식의 가치다.
그 다음으로는 현재의 주가 흐름이
대세상승인지 대세하락인지 판단해야 하는데,
매일같이 신문에 실리는 평균주가만 제대로 읽으면
충분하다. 마지막으로 고려해야 할 것은 지금
2차적인 주가 흐름이 진행되고 있는지 여부를
파악하는 것이다.

|| 찰스 다우 ||

59

주식의 가치란 시간이 지나면 결국 빛을 발하게 된다.
내재가치가 뛰어난 우량주와 내재가치가 형편없는 주식이
어느 시점에는 똑같은 가격으로 거래되기도 한다.
하지만 두 주식이 6개월 정도 등락을 거듭하며 움직인
다음에는 우량주와 그렇지 않은 주식의 주가가
아주 크게 벌어진다. 이 기간 중 대여섯 번 나타난
하락세와 랠리 때마다 우량주는 더 적게 떨어지고
더 많이 올랐을 것이기 때문이다. 이런 차이를 잘
관찰하면 다음 약세장이 언제 시작되든 이 시기에
무슨 일이 벌어질지 정확히 알 수 있다.
모래를 체로 쳐서 자갈을 골라내듯 우량주가
그렇지 않은 주식들 틈바구니에서 빛을 발하는 것이다.
물론 어느날 혹은 특정 시점에 확연하게 드러나는 것은
아니다. 하지만 멀리서 바라보면 충분히 식별해낼 수
있다. 주식의 가치가 높아지면 약세장에서도 주가가
상승한다. 시장 전반이 하락했던 1881~85년 사이
맨해튼(Manhattan) 철도는 시장의 출렁임에 따라
함께 움직였지만 결국 주가는 30달러 수준에서
100달러까지 상승했다. 이 기간 중 순이익이 계속 증가해
주식의 가치도 꾸준히 그리고 큰 폭으로

높아졌기 때문이다. 여기서 배워야 할 교훈을 정리해보자.
주식 투자자는 그 가치를 분명히 파악했다는 확신이
들지 않는 이상 절대 주식을 거래해서는 안 된다.
주식의 가치에 영향을 주는 변동 요인을 점검할 수 없다면
역시 주식을 거래해서는 안 된다. 따라서 투자자는 자신이
매매하려는 종목의 주가가 현재 그 주식의 가치보다
높은지 혹은 낮은지를 확실히 알고 있어야 한다.
만약 시장 전반이 하락세를 타고 있는데도 어떤 종목이
유독 강세를 보이며 적정 가치를 웃도는 주가로
거래되고 있다면 이런 종목은 일단 매도한 뒤 시장의
하락세가 끝난 다음 재매수를 고려해야 한다.
시장이 상승세를 타고 있을 때는 반드시 주가가
적정 가치를 밑도는 종목을 매수해야 하며
상당한 수익을 거둔 다음 매도를 고려해야 한다.

‖ 찰스 다우 ‖

모든 종목의 주가가 다 함께 출렁이는 것 같지만

궁극적으로 주가는 가치를 따라가는 법이다.

|| 찰스 다우 ||

61

장기적으로 보면 주가는 시장의 정상적인 투자수익률에
맞춰 스스로 조정해 나간다고 말할 수 있다.
물론 이것만 믿고 투자해서는 안 되겠지만
그렇다고 무시하거나 간과해서도 안 된다.
상당히 긴 시간을 두고 관찰해보면 주가는 틀림없이
가치를 따라간다는 사실을 발견할 것이다.
따라서 기업 실적을 근거로 주식의 가치를 비교적 정확히
파악할 수 있다면 이런 투자자는 매우 안전한 투자 기준을
확보했다고 할 수 있다.

‖ 찰스 다우 ‖

62

어떤 주식이 진정한 투자 대상인가? 대개의 경우
이런 주식이라야 한다. 우량 철도주처럼 정기적으로
배당금을 지급하고, 꾸준히 영업이익과 순이익을
내고 있으며, 회사의 재무상황을 비롯한 각종 정보를
성실하게 공개하는 기업의 주식이다.
배당금과 이익, 정보공개는 많으면 많을수록 좋다.
이 같은 주식은 그 가치를 평가할 수 있는 근거를
비교적 정확히 파악할 수 있다. 주식의 가치는 반드시
향후 배당금 지급이 계속 유지되거나 증액될 수 있는가를
고려해 판단해야 한다. 만약 현재와 같은 배당수익률이
앞으로도 꾸준히 이어질 것으로 예상되고, 자본수익률이
상당히 만족스러운 수준이라면 훌륭한 매수 대상이다.
시장이 전반적으로 하락세에 있어 주가가 적정 가치를
밑돌 때 이런 주식을 매수하면 좋을 것이다.
유니온 퍼시픽(Union Pacific) 철도 보통주를
예로 들어보자. 몇 달 전 이 주식은 50~60달러에
거래됐다. 배당수익률은 4%, 자본수익률은 8%
이상이었다. 주가는 확실히 적정 가치를 밑돌고 있었다.
그 이후 유니온 퍼시픽 주가는 지금까지 30달러 이상
상승했다. 이 종목만큼 주가가 적정 가치 미만인 경우가

아니더라도 훌륭한 매수 대상 주식을 찾을 수 있을
것이다. 3개월 전만 해도 대부분의 철도주 주가가 적정
가치를 밑돌았다. 물론 이런 범주에 드는 종목은 매우
드물고, 따라서 투자자 입장에서는 정확한 분석 없이
성급하게 매수해서는 안 된다.

주가가 이미 올라버렸다 해도 참고 기다리면
매수할 기회, 즉 다시 조심스럽게 매수해도 괜찮은
수준 아래로 주가가 떨어질 때가 오게 돼있다.
이런 타이밍이 반드시 올 것이라고 생각해보자.
현명한 투자자라면 우량 철도주를 매수하되
정확한 매수 타이밍에 사들일 것이고,
진정한 투자 대상으로 매수한 것이므로
주가가 하락하는 경우에도 계속 보유할 것이다.
주가가 큰 폭으로 떨어진다면 오히려 추가로 더 매수해
평균 매수단가를 떨어뜨리는 게 현명한 행동이 될 것이다.
물론 추가 매수는 주식의 적정 가치에 어떤 변화가
있었는지, 또 주식시장 전반의 흐름은 어떻게 변했는지
살펴본 다음에 이뤄져야 한다. 이런 주식은
하루하루의 주가 등락은 무시한 채 만족할 만한
수익을 거둘 때까지 보유한 뒤 매도해야 한다.

매도한 다음에는 매수하기에 충분한 조건을 갖춘

진정한 투자 대상이 나타날 때까지

몇 주 혹은 몇 달씩 기다려야 한다.

그때그때의 시장 움직임에 일희일비하는 사람은 절대로

크게 성공할 수 없다. 주식으로 큰돈을 버는 사람은

주식을 투자의 대상으로 여기고,

투자할 주식을 신중하게 고르며,

시장이 전반적으로 하락한 다음에 사들이고,

매수 타이밍과 매도 타이밍을 잡기 위해

참고 기다릴 줄 아는 투자자다.

‖ 찰스 다우 ‖

63

현명한 투자자가 훌륭한 이익을 얻을 수 있는
한 가지 방법은 주식을 투자의 대상으로 매수하는 것이다.
주가가 해당 종목의 가치보다 싸게 팔릴 때를 노려서
매수한 다음 주가가 그 가치를 넘어설 때까지 기다리면
결국 이 차이를 수익으로 얻을 수 있다.
여기서 주식의 가치는 배당금에 대한 안전마진*과
순이익의 규모 및 추세, 재무상태 및 영업활동의 건전성,
전반적인 미래 전망에 따라 결정된다. 꽤 복잡해 보이지만
하나씩 따져보면 특별히 어려울 것도 없다.
예를 들어 1년 전만 해도 기업들의 순이익은 전년도에
비해 크게 증가하고 있었던 반면, 기업의 경상비용은
전혀 늘어나지 않았다; 따라서 주가는 떨어지고 있었지만
실제 주식 가치는 높아졌던 것이다. 당연히 이런 상황은
무한정 계속될 수 없다; 기업들의 순이익이 감소하든가
아니면 주가가 올라야 한다. 많은 주식들이
실적에 비해 주가가 너무 싼 편이었고, 이건 누가 봐도
명백한 사실이었다. 이와 마찬가지로
현재 시점(1902년)을 돌아보면 대부분의 주식들이
실적에 비해 주가가 너무 비싼 편이다. 기업들의
지난해 순이익이 어느 정도 증가한 것은 사실이지만

많은 종목의 주가가 50~100%나 상승했다. 그러다 보니
어떤 잣대로 평가하더라도 대다수 종목의 주식 가치가
주가에 훨씬 못 미치고 있는 것이다.

‖ 찰스 다우 ‖

* 안전마진(the margin of safety)이란 원래 현재의 매출액(생산액)과 손익분기
점이 되는 매출액(생산액) 간의 차이를 말한다. 따라서 투자론에서는 주식의 내
재가치와 시장가격 간의 차이를 안전마진이라고 할 수 있는데, 가치투자자에
게는 안전마진이 클수록 좋다. 여기서는 특히 투자한 주식의 배당수익률과 최
저 기대수익률 간의 차이를 가리킨다.

64

주식에 투자한다는 것은
그 기업의 가치가 앞으로 어떻게 변화할 것인가를
예상하는 것이다.

|| 주식시장 바로미터 ||

65

주식 투자자는 반드시 자신이 거래하는 종목의
거래량과 주가 흐름을 주시해야 하며, 그 주식과 관련된
특별한 사항들, 즉 순이익의 증감이나
고정비용의 증가, 유동부채의 변동을 살펴봐야 하고,
특히 매 분기별로 배당 가능한 실질 순이익이
얼마나 되는지 주목해서 봐야 한다.
또한 매일매일 알 수 있는 평균주가의 변동을 통해
전체 주식시장의 흐름을 읽어야 하는데,
그래야 어느 한 종목을 통해서는 알 수 없는
시장 전반의 분위기를 확실히 이해할 수 있다.
투자자가 이렇게 관찰하고 연구해야 하는 이유는 우선
자신이 거래하는 주식의 가치를 결정할 수 있기 때문이다.
그 가치가 커지고 있는지 혹은 줄어들고 있는지 스스로
판단을 내릴 수 있어야 하는 것이다. 두 번째 이유는
정확한 매수 타이밍을 포착하기 위한 것이다.
유니온 퍼시픽 철도를 예로 들어보자; 이 종목은
가치에 비해 현저하게 낮은 주가로 거래되고 있고,
지금 주식시장은 4년 정도 지속되는 대세상승 흐름이
진행 중이다. 그런데 일시적인 조정기를 맞아
유니온 퍼시픽의 주가도 이전 고점 대비 4% 하락했다.

현재 이 회사의 순이익과 향후 전망은 매우 양호하고
주식시장 전반의 분위기도 대체로 괜찮다.

그러면 지금이야말로 유니온 퍼시픽 주식을 매수하기
시작할 때라고 여긴다. 하지만 신중한 투자자라면 좀더
기다릴 것이다. 이런 투자자는 매수할 물량의 절반만
산 다음 주가가 추가로 하락하면 그때 비로소 나머지
물량을 주문할 것이다. 그래도 주가는 당초 예상보다
더 떨어질 수 있다. 이익을 거두려면 상당한 시일을
기다려야 할지도 모른다. 어쩌면 낙폭이 훨씬 더 심한
다른 종목을 매수하기 위해 이 주식을 파는 게
더 현명하다는 생각이 들 수도 있다.

물론 이건 순전히 예외적인 상황이다. 대부분의 경우
이렇게 매수 타이밍을 잡게 되면, 즉 해당 종목의 가치를
충분히 헤아려 보고 전체 시장의 흐름도 주의 깊게
관찰한 다음 매수했다면 이런 투자자는
정확한 시점에 적정한 주가로 투자했으니
상당한 투자 수익을 거둘 수 있을 것이다.

|| 찰스 다우 ||

66 시장 전반이 약세에 빠져들 것이라는 시각을 갖고 있다면, 모든 종목이 동반 하락한다고 봐야 하는가, 아니면 다수 종목은 하락해도 일부 종목은 하락하지 않을 것이라고 봐야 하는가? 이 질문에 대한 대답을 위해서는 두 가지를 고려해야 한다. 하나는 투기적인 주가 흐름이고, 또 하나는 주식의 가치라는 요소다. 시장이 약세 국면으로 접어들면, 특히 하락세가 급격하거나 장기간 지속될 경우 모든 종목의 주가가 떨어진다. 하락의 정도는 똑같지 않겠지만 어느 종목이든 시장 전반의 약세 기조에 빠져들게 되는 것이다. 심지어 패닉이 벌어질 때는 내재가치가 월등한 종목이 내재가치가 형편없는 종목보다 더 큰 폭으로 떨어지기도 한다. 그 이유를 살펴보자. 투자자들이 보유하고 있는 주식 가운데는 우량 종목과 그렇지 않은 종목이 섞여있게 마련인데, 갑자기 신용을 갚아야 한다든가 현금이 필요해 보유물량을 처분해야만 할 경우 이들은 시장이 최고로 쳐주는 주식, 즉 최우량 종목을 내놓게 된다. 이런 주식이 매력적이었던 이유는 감히 공매도 대상이 될 수 없었기 때문이다. 결과적으로 우량주는 막상 패닉이 벌어져 매도 물량이 쏟아지면 공매도 커버 수요조차 나오지 않는 것이다.

따라서 우량주임에도 불구하고 어디선가 새로운 수요가 나오기 전까지는 추락하게 된다. 여기에 딱 들어맞는 사례가 바로 1901년 5월 9일 패닉 당시 델라웨어 앤 허드슨(Delaware & Hudson) 철도의 주가 움직임이다. 이날 델라웨어 앤 허드슨의 주가는 불과 30분만에 160달러에서 105달러로 폭락해 상장 주식 가운데 거의 최대의 하락폭을 기록했는데, 투자자 대부분이 현재 주가를 제대로 확인하지도 않고 무조건 매도주문을 쏟아내는 바람에 그렇게 된 것이다. 이처럼 시장 전반이 약세에 빠져들면 우량주가 갖고 있는 매력조차도 한동안은 아무런 힘을 발휘하지 못한다. 우량주든 아니든 무차별적으로 하락하는 것이다. 그러나 여기에는 결정적인 차이점이 있다. 하루나 일주일 뒤 패닉에서 벗어나 시장이 회복세로 접어들면 우량주는 그렇지 않은 주식보다 훨씬 더 빠른 상승세를 보인다. 이 경우에도 델라웨어 앤 허드슨이 적절한 사례가 될 것이다. 당시 주가가 105달러까지 떨어지자 여기저기서 매수주문이 들어오기 시작해 불과 한 시간만에 150달러 수준을 회복했던 것이다.

|| 찰스 다우 ||

102

67

월스트리트에서 "눈이 달린 돈"을 굴리는 사람들은 주가가 그 기업의 진정한 가치보다 훨씬 떨어지는 주식, 혹은 멀지 않은 장래에 충분히 갖게 될 가치에 비해 주가가 크게 떨어지는 주식을 매수해 결국 자신이 지불한 것보다 높은 가격으로 매각한다. 전문적인 지식과 기술로 무장한 이들 "눈이 달린 돈"을 가진 투자자들은 마치 수요 감소로 인해 양모 가격이 폭락했을 때 덩달아서 급락한 면화 제품을 사들이는 상인과 비슷하다. 일시적으로 가격이 크게 떨어진 면화를 대규모로 사들인 상인은 한참 뒤 가격이 회복되면 팔아버릴 것이다. 월스트리트의 현명한 투자자들은 주식이 내재가치와 향후 전망, 수익성보다 훨씬 낮은 가격에 팔리고 있을 때 조용히 물량을 확보해 나가기 시작한다. 일반 투자자들도 주가가 더 이상 떨어지지 않는다는 사실을 깨닫고, 그동안 비관주의에 사로잡혀 주가가 너무 하락했다는 사실을 발견하게 된다. 곧 일반 투자자들도 매수에 가담하기 시작하고, 우량주의 유통 물량은 자취를 감춰버리며, 주가는 상승하고, 마침내 강세장이 자리잡는 것이다.

‖ 다우 이론 ‖

68

대세상승 흐름의 초기에는 이전 약세장에서의
과도한 매도 여파로 주가가 적정 가치 밑에서 거래된다.
그러다 시장이 일단 신뢰를 회복하면 주가는 상승하는
가치를 따라 계속 올라간다. 이것이 대세상승의
두 번째 단계. 마지막 단계에서는 주가가 적정 가치보다
높게 거래되며, 사람들은 현재의 수익이 아니라
미래의 가능성만 믿고 주식을 매수한다.
다우이론을 공부한 투자자라면 이제 1923년 10월부터
이어져온 현재의 강세장을 현명하고 보수적으로
바라봐야 한다. 현재 주식이 적정 가치보다 높게 거래되고
있지 않은지, 또 사람들이 자신의 가슴이 멍들고 기억조차
가물가물해질 때나 가능해질지 모를 희망에 기대
주식을 사지 않는지 자문해봐야 하는 것이다.*

||WSJ 1929년 4월 5일 ||

* 주식시장이 마지막 상승세를 분출하던 1929년 봄 해밀턴은 독자들에게 일단
  이익을 실현한 뒤 시장을 빠져나가라고 여러 차례 경고했다.

69

주식시장에서 큰돈을 버는 투자자는 어떤 식으로든
중요한 사건들의 추이를 꿰뚫어 본 다음, 이에 따라
주가가 폭발적으로 상승할 게 틀림없다고 생각되는
주식을 집중적으로 매수하는 사람이다. 이때
주식 매수 자금은 자기 돈으로 충당하거나 혹은
신용으로 조달하기도 하지만, 상당한 수익이
발생할 때까지는 몇 달이고 몇 년이고 계속해서
주식을 보유한다.
지난 6년간, 그러니까 1896년 이후 주식시장에서
이런 기회가 얼마나 많았는지 살펴보면
20~40개 종목 가운데 하나는 이 기간 동안 주가가
네 배나 상승했고 그 중 절반은 다섯 배 이상 올랐다.
이런 엄청난 기회가 매년 오는 것은 아니다. 하지만
주가가 내재가치에 비해 낮은데도 오랫동안
오르지 못하는 경우는 아주 드물다.

‖ 찰스 다우 ‖

70

약세장이 진행 중일 때 증권회사에 가보면 고객들은
우량주를 매수해달라고 요구한다. 이들이 말하는
우량주란 배당금과 주가수익비율(PER), 현금성 자산 등이
뛰어난 종목들이다. 그러나 이렇게 우량주를
매수한 뒤에도 매도 공세는 계속돼 주가는 하락세에서
벗어나지 못하고, 결국 이들마저 주식을 던져버린다.
이들은 처음에 자신들이 왜 그 주식을 매수했는지, 그
이유는 잊어버린 채 투자 손실을 전부 "약세장" 탓으로
돌린다. 하지만 약세장은 아무 죄도 없다.
이들은 다른 누구도 아닌 자기 자신을 탓해야 한다.
처음부터 기업의 건전한 가치에 근거해 자신의 판단에
따라 우량주를 골랐고, 이 주식에 투자하기로 결정했기
때문이다. 그 뒤에 주가가 등락한 것은 사실 이들이 고른
우량주의 기업 가치와는 아무런 상관도 없는 것이다.
그러나 이런 투자자들이 포트폴리오를 효율적으로
관리하고자 한다면 대차대조표와 손익계산서뿐만 아니라
시장의 흐름도 반드시 이해해야 한다.
심지어 대차대조표와 손익계산서를 이해하지 못할 뿐만
아니라 아예 이해하려고도 하지 않는,
성공과는 정말 거리가 먼 투자자들도 있다. 이들은

시장 흐름이라는 게 뭔지도 모르고, 너무 무지하거나
게을러서 배우려고 하지도 않는다. 이들은 그저
어떤 친구가 이 정도 주가면 "괜찮은 가격"이라고
말했는데, 주가가 이보다 더 떨어졌다는 사실을 알게 되면
갑자기 매수에 나선다. 장기적으로 볼 때
이런 투자자들이 손실을 보는 것은 불가피하다.

|| 다우이론 ||

71

시장이 오랫동안 매도 공세에 시달리게 되면
기업 가치가 뛰어난 우량주가 오히려 부실한 주식보다
더 취약해질 때가 있다는 사실을 쉽게 잊어버린다.
우량주는 시장이 늘 열려있는 반면, 부실주는 시장이라고
해봐야 허울뿐인 경우가 많기 때문이다.
그러다 보니 급히 자금이 필요한 투자자들은 무조건
가격이 형성된 우량주를 팔게 되는 것이다. 부실주는
갖고 있다 해도 아예 가격 형성조차 안 되기 때문이다.

|| *WSJ* 1921년 3월 30일 ||

72

약세장에서는 우량주도 이류, 삼류 주식과 마찬가지로 고전한다. 일단 약세장으로 빠져들면 대부분의 투자자들은 나중에 보유 주식을 아주 낮은 가격에도 팔 수 없을지 모른다는 두려움에 휩싸여 확실한 시장이 있을 때 얼마라도 받고 팔려고 하기 때문이다. 특히 낙폭이 깊어지면 아마추어 투자자들은 주위 분위기에 휩쓸려 그동안 잘 묻어두었던 우량 기업의 주식을 꺼내 주가에 관계없이 던져버린다. 손실이 얼마가 되든 일단 현금을 손에 쥘 수 있고, 그 돈으로 생활비를 댈 수 있기 때문이다. "비상금 용도"로 주식에 투자했는데 마침내 "비상금을 쓸 때"가 온 것인지 모른다. 또 집이나 다른 자산을 팔고 싶어도 그런 자산을 사줄 사람을 찾지 못해 어쩔 수 없이 주식을 파는 것일 수 있다. 어쩌면 은행 잔고가 다 떨어져 거래은행에서 담보로 잡아놓은 주식을 팔아버린 것일 수도 있다. 어쨌든 긴 약세장에서는 이런 악순환이 벌어져 주식시장에 매수자는 별로 없는데 우량주가 쏟아져 나오는 것이다. 수요와 공급의 원칙은 여기서도 작용해, 공급이 수요보다 많으면 우량주도 주가가 떨어질 수밖에 없다. 투자자문회사에서 발행하는 종목 추천지를 읽어본 독자라면

수요와 공급의 원칙을 잘 알고 있는 경제학자들이 왜
약세장에서는 늘 벌어지는 이 같은 상황을 아예
무시하거나 혹은 이해하지 못하는지
의아한 생각이 들 것이다.

|| 다우 이론 ||

73

패닉이 발생한 뒤에는 늘 이와 똑같은 현금화(주식 매도)가
필요했다고 추론해도 틀리지 않을 것 같다.
주목해야 할 점은 대규모 기관투자가들이 주식을 인수해
상장시킨 산업주가 상대적으로 적게 하락한 반면,
확실한 가치를 지닌 여러 종목들이 큰 폭으로
떨어졌다는 사실이다.* 이는 주식을 매도할 수밖에 없는
처지에 놓인 사람들이, 거래가 형성되지 않아
전혀 팔 수 없는 주식은 보유한 채 그나마 가격이 형성된
주식을 팔았다고 할 수 있다. 패닉으로 인한 첫 번째
하락은 공포감에 의한 것이다,
이어서 나타나는 느린 속도의 두 번째 하락은 시장 전반의
신뢰에 대한 충격을 반영한 것이다. 지난 6월 11일 이후
시장이 직전 저점 수준까지 떨어진 것도 이와 비슷한
충격이 반영된 것이라고 보는 게 합리적인 추론이 아닐까?

‖ *WSJ* 1906년 7월 6일 ‖

* 이 시기에 신규 상장된 산업주는 투기성이 높은 주식으로 취급 받았던 반면,
  "확실한 가치를 지닌 여러 종목들"은 대부분 우량 철도주들이었다.

74

어떤 주식을 공매도할 것인가를 결정할 때 가장 먼저
고려해야 할 것은 주가가 내재가치를 넘어서고 있는가,
그리고 미래의 가치가 급격히 줄어들 가능성이 있는가다.
공매도할 주식은 반드시 거래가 활발한 종목이라야 하며
가능한 한 자본금 규모가 커야 한다. 또한 주식시장에
상장된 지 오래된 종목을 고르는 게 낫다. 즉 지분이
집중돼 있는 주식보다는 분산된 주식이 공매도하는 데
더 유리하다는 말이다.

|| 찰스 다우 ||

75

패닉이 가르쳐준 훌륭한 교훈이 하나 있다.

가늠할 수 없는 공포와 두려움에 휩싸이면

아무도 가치를 따지지 않고, 최고의 우량주가

형편없는 부실주보다 주가가 더 크게 떨어진다는 것이다.

현금이 필요한 사람은 부실주가 아니라 우량주를 판다.

우량주는 거래가 이뤄지지만 부실주는 아예

시장조차 형성되지 않기 때문이다. 더구나

우량주는 신용 담보로 잡혀 있던 물량이 매물로 나와

주가 하락을 부채질한다. 반면 부실주는

신용 담보 대상조차 되지 못했기 때문에

매물이 나오지 않는다. 따라서

패닉이 최고조에 달했을 때 우량주를 매수하면

거의 언제나 그 보상을 받는다.

‖ 찰스 다우 ‖

76

월스트리트를 전혀 모르는 개인투자자들도
주식의 가치와 시장 상황을 면밀히 연구하고,
몇 사람 몫의 인내심으로 투자를 한다면 충분히
주식으로 돈을 벌 수 있을 것이다.

‖ 찰스 다우 ‖

투자의 기술

투자하기에 앞서 우선 시장의 전반적인 상황을 평가해보라.
시장은 하락세인가 상승세인가?
매물이 출회되고 있는 흐름인가 물량을 쌓아가고 있는 흐름인가?
그렇다면 이 상황에서 가장 안전한 길은 무엇인가?
시장의 전반적인 흐름이 부정적이라면
시작하기 전부터 불리한 조건을 안고 싸우는 셈이 된다.
반드시 순풍을 타야 한다.
역풍을 맞으며 나아가려는 것은 무모한 짓이다.

77

로스차일드 일가는 이런 원칙에 따라 투자한다고 한다. 어떤 자산을 다른 사람들이 전부 팔려고 할 때가 매수하기 좋을 때고, 다른 사람들이 전부 사려고 할 때가 매도하기에 적기라는 것이다. 여기에는 대단한 지혜가 숨어있다. 대중들은 대부분 엉뚱한 시점에 매수하고 엉뚱한 시점에 매도하기 때문이다. 시장이란 어느 정도는 세력이 그 흐름을 좌우하는데, 대중들은 세력이 주가를 끌어올린 다음에, 그것도 한참 상승한 뒤에 매수한다. 결국 대중들은 세력이 팔고자 할 때 매수하고, 세력이 사고자 할 때 매도하게 되는 것이다.

가끔 증권회사에 가보면 이런 투자자를 만난다. 증권회사 고객들이 어떻게 하든 늘 그 반대로 하는 투자자다. 가령 증권회사 직원이 "우리 고객들은 전부 주식을 매수하고 있어요"라고 말하면 이 투자자는 팔아 치운다. 반대로 "고객들이 전부 주식을 매도하고 있어요"라고 하면 적극적으로 매수한다. 로스차일드 일가의 투자 원칙을 그대로 따르는 투자자의 예다. 어떤 가치 있는 자산을 대중들이 서로 팔겠다고 나설 때 매수하고, 반대로 대중들이 서로 사겠다고 할 때 매도하는 원칙 말이다.

|| 찰스 다우 ||

78

월스트리트의 노련한 투자자들은

엘리베이터 보이와 구두닦이 소년이

주식시장의 상승세에 관해 이야기할 때면

일단 보유 주식을 모두 팔고

낚시나 가야 할 시점이 된 것이라고 말한다.

‖ 다우이론 ‖

79

모두들 앞으로 6개월간 대단한 강세장이 펼쳐질 것이며,
그 뒤에야 주식시장이 정점에 도달할 것이라고 말한다.
이처럼 장밋빛 환상으로 가득찬 미끼가 널려있는 것을
보면 아직까지도 충분한 물고기가 잡히지 않은 것 같다.*

|| *WSJ* 1909년 12월 20일 ||

* 이 무렵 주식시장은 다우존스 산업 평균주가가 3년만에 100을 재돌파하는 등
  강세 분위기 일색이었다. 그러나 해밀턴의 우려처럼 다음해 초부터 시장은 급
  격한 내림세로 전환했다.

80

누구든 주가의 상승이나 하락을 점칠 수 있다. 하지만
괜한 어림짐작에 돈을 걸었다가는 그 대가로 귀중한 돈만
날릴 것이다. 현명한 주식 투자는 경제 상황을 공부하는
데서 출발한다. 전반적인 경기 여건이 좋아지고 있는지
나빠지고 있는지 살펴보는 것이다. 만약 경제가 좋아지고
있다면, 투자하려는 종목이 이 같은 경기 호전의
수혜주인지 여부를 확인하라. 내재가치가 상승하고
있는지도 조사하라. 둘 다 긍정적인 답을 얻었다면 주가가
내재가치에 비해 낮은지 높은지 비교하라.
주가가 내재가치보다 낮다면 매수한 다음 참고 기다리라.
주가가 올라가지 않는다고 초조해할 필요는 없다.
내재가치가 상승하면 할수록 주가가 오를 가능성은 더욱
확실해지는 것이다. 마침내 상승세를 타기 시작하면
2~3% 정도 올랐다고 해서 팔고 난 뒤 조정을 기다리는
행동은 절대 해서는 안 된다. 상승한 다음에도 여전히
주가가 내재가치에 비해 낮은지 살펴보고, 만약 그렇다면
추가적인 상승이 기대되니 추가 매수를 고려할 수 있다.
주가가 내재가치에 근접해 상당한 투자 수익을
거둘 때까지 보유해야 한다. 소위 큰손 투자자들이 바로
이런 방식으로 돈을 번다. 이들은 이 종목 저 종목

집적거리지 않고, 내재가치의 변화를 정확히 예측한 다음
저평가된 주식을 대량으로 사들여 주가를
내재가치 수준까지 끌어올리는 것이다. 소액 투자자는
이렇게 주가를 끌어올릴 수 없다. 하지만 자신의 판단이
정확하다면 큰손 투자자와 다른 투자자들이
자신을 위해 주가를 끌어올려줄 때까지 확신을 갖고
주식을 보유해야 한다.

|| 찰스 다우 ||

81

주식시장에서 정말로 큰 수익을 올리는 사람은
매수 포지션이든 매도 포지션이든 아주 극단적인
포지션을 취한 상태에서도 이익을 손에 쥘 때까지
몇 달 혹은 몇 년씩 꾹 참고 기다리며 인내하는 투자자다.

‖ 찰스 다우 ‖

82

옳은 판단을 했으나

그것이 너무 빨라 돈을 잃은 사람들은

월스트리트에서 얼마든지 만날 수 있다.

|| **주식시장 바로미터** ||

83

장기적으로 천천히 올라가는
상승 국면에서는 인내심이 필요하며,
확실한 강세장에서 수반되는 급격한
2차적인 조정을 넘어서기 위해서는
용기가 필요하다.

‖ 다우이론 ‖

84

대부분의 투자자들은 시장에 뛰어들 때의 초심을
망각할 뿐만 아니라 인내의 중요성마저 잊어버린다.
이들은 늘 이 종목 저 종목 집적거린다.
그러다 보니 얼마 지나지 않아 자신의 전 재산을
주식계좌에 털어 넣게 되고, 늘 반복되는
시장의 회오리바람을 맞으면 막다른 골목에
다다르게 되는 것이다.

‖ 주식시장 바로미터 ‖

85 투자자들이란 바닥에서는 절대로 사지 않고,
천정에서는 절대로 팔지 않는다는 점은
최근의 사례들이나 월스트리트의 금언에서
수없이 발견할 수 있다.
값싼 주식은 결코 매력적이지 않다.
이것은 역설이 아니라 시장의 기록이 보여주는 것이다.
만약 값싼 주식이 매력적이라면 요즘 같은 때 주식시장은
활기가 넘쳤을 것이다. 흥분한 일반 투자자들이 시장에
뛰어드는 모습이 여기저기서 목격됐을 것이다.
그러나 아무리 주위를 둘러봐도 증권회사에
그런 고객들은 별로 보이지 않는다.*

‖ *WSJ* 1921년 3월 30일 ‖

* 이 칼럼의 제목은 "싸지만 매력적이지 않은 주식(Stocks Unattractively
  Cheap)"인데, 제목 그대로 이 무렵 주식시장은 1919년 10월에 시작된 대세하락
  흐름이 장기간 이어지며 바닥권에 머물러 있었다.

86

월스트리트에는 이런 옛말이 있다: "무조건 큰돈을
벌겠다고 주식 투자를 시작하는 사람은 대개 가진 돈을
전부 날려버리지만, 여유자금으로 괜찮은 이자소득을
올리겠다는 생각으로 주식 투자를 하는 사람 가운데는
큰돈을 버는 경우가 있다." 이를 달리 표현하면
"엄청난 수익을 노리고 높은 리스크를 감수하는 투기자가
돈을 버는 게 아니라 보수적인 투자자가 돈을 번다"고
할 수 있다. 투자에 따르는 모든 리스크를 감안할 경우
소액 투자자가 주식시장에서 돈을 벌 가능성이 그나마
높은 거래 방법은 주가가 떨어질 때마다 조금씩 추가로
매수하는 것이다. 하지만 이를 위해서는 다음
7가지 원칙을 꼭 명심해야 한다.

1. 강세장이든 약세장이든 일단 한번 시작되면 4~5년씩
   이어진다. 현재 시장이 강세장인지 약세장인지는
   평균주가로 판단해야 한다.
2. 어떤 종목 혹은 어떤 업종의 주식에 투자할 것인지 먼저
   결정해야 한다. 투자할 주식은 우량주라야 하고,
   배당금을 지급하고 있어야 하며, 주가가 너무 낮거나
   높아서도 안 되고, 거래가 비교적 활발히 이뤄지고

있어야 하며, 주식의 가치가 현재 주가보다 더 높아야 한다; 주식의 가치보다 오히려 현재 주가가 높을 경우 향후 주가는 하락할 가능성이 크다. 여기서 주식의 가치는 앞으로 배당금으로 지급할 수 있는 기업 이익에 기초해 추정해야 한다.

3. 어느 종목이든 매수 타이밍은 최근의 시장 흐름에 비추어 신중하게 판단해야 한다. 강세장에서는 해당 종목의 주가가 직전 고점 대비 4~5% 하락했을 때부터 매수를 시작해야 한다. 약세장에서는 해당 종목의 주가가 직전 저점 대비 4~5% 반등했을 때부터 매수하는 게 좋다.

4. 일단 매수한 주식은 상당한 수익을 거뒀을 경우 혹은 처음에 추정한 주식의 가치가 틀렸다고 판단할 만한 충분한 이유가 있을 때까지 계속 보유해야 한다. 거래가 활발히 이뤄지는 주식이라면 시장 여건이 부정적인 상황에서도 최근에 하락한 주가의 37.5~62.5% 정도는 반등하는 게 일반적이며, 시장 여건이 긍정적인 상황이라면 이보다 반등폭이 더 클 수도 있다.

5. 주가가 하락하더라도 마음이 편치 않거나 초조해지지 않을 만큼 늘 충분한 현금을 확보해두고 있어야 한다.

강세장에서는 주식을 매수하거나 보유해야 하고,
약세장에서는 주식을 매도하거나 공매도해야 한다.
강세장에서 상승 흐름이 끊기고 반락이 나타나는
경우보다는 약세장에서 일시적인 반등이 나타나는
경우를 더 많이 볼 수 있다.

6. 주가가 5%씩 떨어질 때마다 10주씩 추가로 매수해 보유
물량을 늘려가는 방식으로 한 번 성공했다고 해서
"이렇게 하면 틀림없다"고 과신하고, 여기저기서 돈을
빌려 거래 단위를 100주로 늘려서는 절대 안 된다. 10주
단위로 거래해 여러 차례 쌓아둔 수익을 100주 단위로
거래했다가 단 한 번의 손실로 전부 날려버릴 수 있다.

7. 공매도 거래를 할 때도 앞서 설명한 것처럼 10주씩
공매도하면 크게 어렵지 않을 것이다. 혹시 주문 단위가
너무 작아서 이런 거래를 싫어하는 증권 브로커가
있을지도 모른다. 그렇다면 고객의 계좌를 세심하게
보살피며 자신이 무슨 일을 하고 있는지 충분히
이해하고 있는 다른 증권 브로커가 있을 것이다.

‖ 찰스 다우 ‖

87

주식시장에서 실제로 큰돈을 벌고 잃는 경험이야말로
여기서 이야기하는 세 가지 추론의 핵심 근거가 된다.
세 가지 추론 가운데 첫째는
시장의 겉모습은 속아넘어가기 쉽다는 것이다. 둘째는
손실은 짧게 끊고 이익은 계속 커나가도록 놔두는 게
좋다는 것이다. 셋째는 미래를 정확히 내다보는
것이야말로 부를 쌓을 수 있는 가장 확실하면서도
쉬운 길이라는 것이다.

‖ 찰스 다우 ‖

내가 영국과 독일의 금융시장 현황을 취재하기 위해
출장을 떠났던 1919년 10월 초 무렵
주식시장은 긴 강세장이 최후의 불꽃을 태우고 있었다.
그때 아주 자신있는 어조로 주식시장의 강세를 내세운
주장이야말로 정말로 이상했다. 주식시장에서
큰 시세차익을 올린 사람들은 주식을 팔지 않을 것이며
팔 수도 없다는 말이었다. 만약 주식을 팔아 투자수익을
실현한다면 그해 소득이 엄청나게 늘어나
세금폭탄을 맞게 될 것이고, 따라서 수익을 실현할 수
없다는 게 그 이유였다. 나는 유럽으로 가는
마우레타니아 호의 담배연기가 자욱한 살롱에서
이 같은 주장이 얼마나 어처구니없는 것인지 분석했다.
이 주장은 상상할 수 있는 가장 허술한 강세론으로
전혀 앞뒤가 맞지 않는 말이었다. 누가 봐도 그 허점을
지적해낼 수 있었다. 폭풍우와 사나운 파도로 인해
마우레타니아 호의 구명선 다섯 척이 파괴됐고,
무선통신마저 끊겨 마지막 사흘간은 통신두절 상태로
지내야 했다. 마침내 프랑스의 쉘브르에 도착하고 나서야
주식시장 스스로 엄청난 세금폭탄의 부담에서
해방시켜주었다는 사실을 알게 됐다.

비록 주식을 팔아 실현하지는 않았지만 앞서 막대한
시세차익을 올렸던 사람들은 더 이상 세금 걱정을 할
필요가 없어졌기 때문이다. 주가가 급락해
시세차익 자체가 순식간에 사라져버렸으니 말이다.

‖ 주식시장 바로미터 ‖

89

주식 투자를 시작할 때 가장 먼저 배워야 할 점은
투자 금액을 언제든 자신이 감당할 수 있는 수준으로
제한해야 한다는 것이다. 만약 불운이 닥치더라도 충분히
그 손실을 감내할 수 있는 수준이라야 한다.
한 젊은 투자자가 산전수전을 다 겪은
베테랑 트레이더에게 이렇게 털어놓았다. 투자한 주식을
생각하면 초조해지고, 밤에 잠을 이룰 수도 없다고
말이다. 이 말을 들은 트레이더는 이렇게 답해주었다.
"편히 잠들 수 있을 만큼 자네의 투자 금액을 줄이게나."

‖ 다우이론 ‖

90

항상 주식시장에 남아 있으려 한다면 틀림없이
돈을 잃게 될 것이다. 왜냐하면 아주 노련한 트레이더조차
앞으로 무슨 일이 벌어질지 몰라 조심스러워지는 시기가
자주 있기 때문이다. 그런 점에서 시장의 좋은 격언을
하나 소개하겠다. "의심이 들 때면 아무 것도 하지 말라."
한걸음 더 나아가 만약 시장의 추세를 잘못 읽어
결정적인 실수를 저질렀으며, 그래서 심각한 손실을
입었다면 일단 시장에서 완전히 빠져 나온 다음
평정을 유지할 수 있을 때까지 가만히 지켜봐야 한다.

‖ 다우이론 ‖

91

대부분의 투자자들은 자신이 보유한 종목의 주가가 한동안 제자리걸음만 하다가 이제 막 움직이기 시작하면 즉각 팔아버린다. 다시 또 주가가 지지부진해질 것을 우려해서다. 하지만 이때는 매도 시점이 아니라 오히려 추가로 매수해야 할 타이밍이다. 다른 투자자들도 이제야 비로소 이 종목의 주가가 내재가치에 비해 낮다는 사실을 발견한 것이기 때문이다.

‖ 찰스 다우 ‖

92

소액 투자자들에게서 발견할 수 있는 한 가지 잘못된 생각은 미리 매수할 최대 물량을 정해놓은 다음, 주가가 조금씩 떨어질 때마다 갖고 있는 돈과 신용을 동원해 분할 매수하겠다는 것이다. 그렇다면 차라리 주가가 바닥까지 떨어진 다음 원하는 물량을 한꺼번에 사는 게 낫지 않은가? 가령 어느 투자자가 100주를 매수하겠다고 마음먹고, 주가가 5달러 떨어질 때마다 20주씩 나눠서 사기로 했다면, 이건 최초의 매수 결정부터 모순이다. 애당초 해당 기업과 주가에 관한 분석을 제대로 하지 않았다는 말이기 때문이다. 만약 처음에 매수한 다음 5달러가 떨어졌다면 그 기업은 당초 생각했던 것만큼 좋지 않다는 얘기다. 물론 제이 굴드 같은 투자자라면 이런 식으로 매수할 수 있다. 하지만 대규모 자금을 굴리는 큰손 투자자들은 소액 투자자들이 도저히 따라올 수 없는 의도와 목적을 갖고 주식을 매수한다. 소액 투자자들은 일단 매수한 다음 월스트리트의 판단을 기다린다. 더구나 제이 굴드 같은 인물은 그가 어느 기업의 주식을 매수했다는 사실 자체로 해당 종목의 가치를 끌어올릴 수 있다. 이런 큰손 투자자는 약세장이 한창인데도 특정 종목 주식을

집중 매수하기도 한다. 강세장에서는 자신이 원하는
물량을 확보할 수 없다는 사실을 잘 알고 있기 때문이다.
소액 투자자들은 이렇게 할 수 없다. 물론 다른 일은
하지 않고 오로지 주식 거래만 전념한다면 얘기는
달라진다. 나는 이렇게 전업 투자로 성공한 사람들을 많이
만나봤다. 하지만 내가 지금 이야기하는 소액 투자자는
다른 직업을 갖고 있으면서 주식투자를 병행하는
사람들이다. 이들도 약간의 상식을 갖고 투자에 임한다면
적어도 시장에서 돈을 잃지 않을 수 있다. 그런데
우연히 만난 친구가 "저 종목 사둬, 이유는 묻지 말고"
식으로 말하면, 귀가 솔깃해져 자신의 돈에다 신용까지
동원해 주식을 매수한다. 이렇게 위험을 무릅쓰고서도
손실을 보고 난 뒤 누구에게 하소연할 수조차 없다.
이런 사람은 도박꾼이지 투기자가 아니다. 그러느니
차라리 경마장에 가서 돈을 거는 게 훨씬 더 재미있을
것이다. 탁 트인 경마장에서 경주마들이 시원스레 달리는
광경을 지켜보는 게 초조한 마음으로 주가를 알려주는
티커를 바라보는 것보다 건강에도 좋을 테니 말이다.

‖ 주식시장 바로미터 ‖

93

여기 또 다른 부류의 투자자들이 있다. 이들은 우리
주변에서 쉽게 발견할 수 있는데, 처음에 왜 주식 투자를
했는지를 망각하는 바람에 돈을 날리는 사람들이다.
개인적으로 잘 아는 친구가 애치슨(Atchison) 철도
보통주에 관한 의견을 말해달라고 한 적이 있다.
나는 철도산업의 전망이 어떤지, 배당금을 줄 만큼
충분한 순이익을 올릴 수 있는지, 또 애치슨이
철도 노선을 갖고 있는 지역의 사업 전망은 어떤지에 대해
얘기해주었다. 그는 애치슨 보통주의 주가가 싸다는
결론을 내렸고, 주식을 매수했다. 만약 이 친구가
주식 브로커의 권유에도 불구하고 신용이 아닌
자기 돈만으로 주식을 매입했다면, 또 하루하루의
주가 등락을 무시해버렸다면 돈을 벌었을 것이다.
그러나 이 친구는 여기저기서 들려오는 루머를 전부
주워담았고, 특히 "큰손들이 팔고 있다"거나
"의회에서 조사를 할 거야" "파업이 있을 거야" "농산물
흉작으로 철도 물동량이 크게 떨어질 거라는군" 따위의
풍문에 귀를 쫑긋 세웠다. 그는 주식시장이 이런 모든
요인들을 감안해 미리 주가에 반영한다는 사실을
잊어버렸다. 그러다 보니 작은 주가 변동에도 초조해했고,

주가가 떨어지자 손실을 보고 팔아버린 뒤 나에게
다시는 의견을 구하려 하지 않았다. 나는 차라리
그의 이런 마음이 변하지 않았으면 하고 바랐다. 그러나
안타깝게도 그는 그렇지 않았다. 그는 나를 다시 찾아와
자신의 판단을 뒤집어줄 만한 의견을 말해줄 수 없는지
물어왔다. 당시 이 친구 자신의 판단이라고 해봐야 실은
다른 누군가로부터 들은 의견에 지나지 않았을 것이다.

|| 주식시장 바로미터 ||

94

주식시장에서 자주 나타나는 어떤 경향에 따라 투자하는 방식이 있다. 개별 종목의 주가는 대개 조금씩 변동하면서 일정한 가격대를 형성해나간다. 시장 전체가 오르내림에 따라 그 방향이 정해지지만 비스듬하게 올라가거나 내려가는 수평선 형태를 띠는 경우가 많다. 그런데 잘 살펴보면 거래가 매우 활발하면서도 아주 작은 범위의 가격대, 가령 주가의 2% 이내에서 등락을 거듭하면서 상당히 긴 수평선을 만들어가는 종목을 발견할 수 있다. 이런 수평선을 형성한다는 것은 이 주식을 누군가가 대규모로 매집하고 있거나 매물을 출회하고 있다는 말이다. 다른 투자자들도 이를 알게 되면 함께 매수하거나 매도해버린다. 지난 15년간 이렇게 움직였던 종목들의 주가 기록을 돌아보면 주식을 대규모로 매수하는 일종의 작전 세력들은 이런 식으로 미리 물량을 확보하는 경우가 자주 있었음을 확인할 수 있다.

이중 천정 이론에 따라 주식 투자를 하는 방식도 있다. 과거의 주가 기록을 살펴보면 어떤 종목이 정점에 도달한 뒤에는 곧 이어 약한 하락이 뒤따르고, 그 뒤 재상승을 하면서 고점 근처까지 간다. 그런데 이런 재상승이 나온 다음 주가가 다시 후퇴하게 되면 이 종목의 주가는 상당히

큰 폭으로 떨어질 가능성이 높다. 그러나 이 같은 이론
한 가지에만 집착해서 투자한다면 여기에는 너무나 많은
예외가 있으며, 아무런 신호도 나타나지 않는 경우가
수없이 많다는 사실을 발견할 것이다.

평균 이론에 기초해 주식 투자를 하는 사람들도 있다.
상당히 오랜 기간을 놓고 보면 주식시장은 상승한 날짜와
하락한 날짜가 거의 같아지는 게 사실이다. 만약 며칠
연속해서 상승했다면 틀림없이 며칠 연속해서 하락하는
경우가 찾아올 것이다. 이런 투자 방식의 문제점은 주가의
작은 출렁임은 큰 흐름의 일부라는 데 있다. 사실
상승과 하락이 발생할 확률은 늘 똑같아지는 경향이 있다.
그러나 상승하는 날과 하락하는 날이 들쭉날쭉하게
뒤섞이는 조합 역시 얼마든지 가능하다. 장기간 지속되는
강세장이나 약세장에서는 상승하는 날이 압도적으로
많거나 하락하는 날이 훨씬 더 많을 수 있다. 물론 이처럼
긴 강세장이나 약세장까지 전부 아우르는 아주 장기적인
기간을 전제로 한다면 평균 이론은 타당하겠지만
단기적인 주가 흐름의 변화를 예상하고 주식을 거래하는
투자자에게는 당혹스러움을 안겨줄 것이다.

작용과 반작용의 법칙에 근거한 투자 이론은

이런 방식들에 비해 훨씬 더 현실적이다. 이 이론은 기본적인 주가 흐름, 즉 대세상승과 대세하락이 진행되는 과정에서 나타나는 2차적인 조정이나 랠리는 기본적인 주가 흐름의 상승폭이나 하락폭의 적어도 8분의 3을 되돌려놓는다는 사실에 기초하고 있다. 즉 어떤 종목이 10% 상승했다면 4% 이상 조정을 받을 가능성이 매우 높다는 것이다. 작용과 반작용의 법칙은 주가의 상승폭과 하락폭이 아무리 크다 해도 모두 적용된다. 주가가 20% 상승했다면 적어도 8%는 조정을 받는 일이 드물지 않을 것이다. 일단 대세상승 흐름이 나타나면 이번 강세장이 얼마나 이어질지는 누구도 알 수 없다. 그러나 상승폭이 크면 클수록 뒤이어 나타날 반작용 역시 클 것이고, 바로 이 점이 성공적인 투자자가 확실하게 예상할 수 있는 사실이다.

경험이 많은 노련한 투자자들은 시장의 반응을 이용하는 방식을 쓴다. 이런 투자 방식에서는 시장이란 늘 크든 작든 주가를 움직이는 세력에 의해 좌우된다고 본다. 기관투자가든 큰손이든 어느 세력이 주가를 올리려고 할 경우 절대 모든 종목을 전부 매수하지는 않는다. 이들은 주도주 두세 종목을 집중적으로 매수한다. 그리고는

자신의 주도주 매수가 다른 종목들에 어떤 영향을
미치는지 관찰한다. 시장 분위기가 강세라면 주도주 두세
종목이 오르는 것을 목격한 개인 투자자들은 지금까지의
관망세를 버리고 아직 움직이지 않고 있는 비주도주들을
매수할 것이고, 시장 전체는 더 높이 올라갈 것이다.
개인 투자자들의 반응은 늘 이런 식이다. 이렇게 되면
주도주들은 한번 더 상승하게 되고, 시장 전체도 주도주를
따라 상승세를 타게 된다. 그러나 주도주는 오르는데
나머지 주식들은 오르지 않는다면 개인 투자자들이
매수에 가담하지 않았음을 의미한다. 개인이 따라오지
않는다는 게 분명해지면 주가를 상승시키려고 했던
세력의 시도는 즉각 중단된다. 이 방식은 시시각각
변동하는 주가를 한순간도 놓치지 않는 투자자들이
특히 많이 사용하는 것이다.＊

‖ 찰스 다우 ‖

＊ 〈월스트리트저널〉에 이 칼럼이 실린 것은 1901년 7월 20일로 노던 퍼시픽
(Northern Pacific) 철도 매집 사건의 여파로 주식시장에 패닉이 발생한 지 10주
가 지난 뒤였다.

95

주식으로 돈을 버는 방법에 대해 이야기하는 사람들
대부분은 느리게 가야 하는 투자의 정도(正道)가 아니라
한 번에 끝낼 수 있는 투기의 지름길만 생각한다.
이 문제에 관한 한 무엇보다 중요한 원칙 한 가지를
다시 한번 떠올려봤으면 한다.
성공한 투자자들 대다수가 한결같이 견지하는 철칙이자
탁월한 투자의 대가들도 인정하는 원칙이다. 또한
주식시장에서 활동하는 거의 대부분의 투자자들이
경험을 통해 이 원칙의 유용함을 확인했다.
이 원칙은 "손실은 짧게 잘라내고 이익은 커나가도록
그냥 놔두라"는 것이다. 말로는 따라 하기 쉬워 보여도
실천하기는 매우 어려운 원칙이다.
왜 어려운지 설명해보겠다. 이전에 몇 차례 손절매 했는데
그 뒤 주가가 다시 올라 결과적으로 손절매 할 필요가
없었던 경험을 해본 투자자는 이제 작은 손실이 발생해도
절대 손절매 하지 않으려 한다. 게다가 어떤 주식을
매수한 뒤 손절매 했다가 상승세를 타기 전에 다시
매수하고자 한다면 이 주식이 진짜로 상승세를
타기 전까지 서너 차례는 손절매 해야 할 수도 있다.
서너 차례나 손절매 해야 하는 부담을 생각해

작은 손실이 나도 그대로 보유했다가 아주 큰 손실로
이어지는 경우가 허다하다.

문제는 과연 일률적으로 손절매 원칙을 적용할 것인지,
아니면 그때그때 상황에 따라 유연하게 대처할 것인지가
될 것이다. 경험에 비춰보자면 주가가 2% 하락했을 때
손절매 하는 게 현명한 방식으로 보인다. 만약 주가가
매수한 가격보다 2% 떨어졌다면 더 떨어질 가능성이
높고, 이건 당초 기대했던 주가 흐름이 뒤로 미뤄졌거나
아예 이뤄지지 않을 수도 있음을 의미하는 것이다.

가령 어떤 투자자가 여러 가지 정보와 가치를 분석해본
다음 그동안의 시장 경험과 주가 움직임을 고려했을 때
유니온 퍼시픽 철도가 107달러면 매수해야 한다는 판단을
내렸다고 하자. 그래서 이 투자자는 107달러에 유니온
퍼시픽 주식을 매수했는데 주가가 그만 105달러로
떨어졌다. 이론적으로 보자면 반드시 손절매 한 뒤 다시
적절한 타이밍이라고 판단할 때 매수해야 할 것이다.

이 원칙과 함께 "이익은 커나가도록 그냥 놔둔다"는
원칙을 무조건적으로 지켜나가면 대부분의 투자자들보다
더 나은 성과를 얻을 수 있다는 사실은 장기적으로 확인된
것이므로 실전 투자에서 얼마든지 활용할 수 있다.

하지만 이와 동시에 때로는 좀더 현명한 판단이 필요한
경우도 있을 것이다. 가령 주가가 갑자기 2% 하락했다고
항상 손절매 해야 하는 것은 아니다. 만약 시장 전반이
상승세를 타고 있다면 잠시 기다려봐야 한다. 이와 함께
다른 종목이 급락하는 바람에 당신이 매수한 종목의
주가도 동반 하락한 것이고, 이제 급락세가 진정된
상태라면 굳이 손절매 할 필요는 없을 것이다.
명심해야 할 점은 시장 전반의 하락세가 어느 정도
확실해 보일 때 손절매 해야 한다는 것이다.
이익이 커나가도록 놔둔 종목은 언제 매도해야 할까?
두 가지 경우가 있다. 첫째 주식시장 전반의 기세가
확실히 바뀔 때까지 기다렸다 매도하는 것이다.
둘째 앞선 상승세에서 기록했던 전 고점보다 주가가
3% 이상 떨어지면 자동으로 매도주문이 나가도록
스톱오더*를 미리 해놓는 것이다. 경험에 비춰
이야기하자면 세력들이 주가를 끌어올린 경우
조정을 받더라도 3% 이상 하락하는 경우는 드물다.
따라서 3%나 하락 조정을 받는다면 그건 세력들의
주가 끌어올리기에 문제가 생긴 것이라고 볼 수 있다.
물론 개인 투자자들을 털어내려는 세력들의

주가 흔들기일 수도 있다. 그러므로 여기서도
적절한 판단이 요구된다.
주식시장에서 돈을 벌 수 있는 확실한 방법이 있다고는
말할 수 없다. 하지만 주가가 박스권을 형성한 뒤
한참 동안 제자리 걸음을 한 다음 매수하고,
손절매 원칙을 지키고,
이익은 계속 커나가도록 놔둔다면
적어도 통계상으로는 대부분의 사람들이 주식시장에서
기대하는 것보다 더 높은 수익률을 올릴 수 있을 것이다.

‖ 찰스 다우 ‖

* 스톱오더(stop order)란 주가가 일정 가격 이상이면 매수하고, 일정 가격 이하
  면 매수하도록 미리 주문을 내놓는 것으로 "가격 역지정 주문"이라고도 한다.

96

증권회사에 내는 매매수수료와 거래세는 물론
매수호가와 매도호가 간의 차이로 인해 불가피하게
부담해야 하는 거래비용까지 감안하면 "매일같이" 주식을
사고 팔면서 돈을 벌기란 정말 너무나도 힘들다. 그러나
필요한 자본을 모은 다음 용기를 갖고 주의를 기울이며
끊임없는 공부를 통해 시장의 흐름과 기업의 재무구조에
관한 정보를 얻을 수 있다면 이런 불리함을 극복할 수
있을 것이다. 실제로 많은 사람들이 그렇게 하고 있다.
투기로 수익을 올리기가 얼마나 어려운가는 투기를 해본
사람이라면 거의가 알고 있을 것이다.
이렇게 어려운 확률을 뚫고 수익을 올릴 수 있는
유일한 방법은 시장의 흐름과 가치를 제대로 이해하고
해밀턴이 남긴 다음과 같은 충고를 따르는 것이다.
"손실은 재빨리 거둬들이고, 이익은 계속 커가도록
놔두어야 한다." 그 어떤 요인보다 투자 손실에
결정적인 영향을 미치는 것은 다름아닌
자신이 내린 판단에 자부심을 갖는 것이다.

‖ 다우이론 ‖

97

투기자가 주식거래를 하면서 냉정한 자기 판단에 따라
다음과 같은 한계를 넘어서지 않는다면 결코 경제적으로
위험한 상황에 빠지지 않을 것이다. 손실이 적었을 때
손절매 하지 않고 느긋한 마음으로 손실을 키우는 것;
평균 매수단가를 낮추기 위해 물타기를 하는 것;
이 종목 저 종목으로 갈아타는 것; 신용으로 인해
자신의 계좌가 언제든 깡통이 될 수 있다는 사실을
무시한 채 아무 생각 없이 무모하게 행동하는 것.

|| 주식시장 바로미터 ||

98 월스트리트에 뛰어들었다면 손실을 보는 법을 반드시
배워야 하고, 또 손실을 재빨리 끊을 줄 알아야 한다.
월스트리트에서 돈을 날리는 가장 확실한 이유를 하나
꼽자면 자기 의견에 맹목적인 자부심을 갖는 것이다.
당신이 만약 어느 주식을 샀는데 주가가 급락한다면,
당신은 매수하기에 앞서 충분히 공부하지 않은 것이다.
갖고 있는 종목의 주가가 계속 떨어져
깡통을 차게 될지도 모른다는 공포에 사로잡혀 있는 한
절대로 객관적인 시각을 유지할 수 없다. 일단 빠져나와서
객관적으로 바라봐야만 편향된 시각을 버릴 수 있다.
손실이 누적되는 상황에 빠지면 그건 곧
산에서 길을 잃은 나그네가 나무만 보고 숲을 보지 못하는
형국이나 다름없기 때문이다.

‖ 주식시장 바로미터 ‖

99

월스트리트의 노련한 트레이더라면 누구나 알고 있는 게 있다. 시장의 흐름을 올바로 읽어내는 투자자는 시장이 상승할 때는 투자 규모를 계속 늘려 이익을 더 키우고 하락할 때는 처음의 손실이 더 커지지 않도록 투자 규모를 늘리지 않는다. 이런 투자자는 대개 주가가 천정에 도달할 때까지 매수 단가를 높이며 보유 물량을 계속 늘려가는 반면, 비교적 적은 손실에도 깨끗이 시장에서 빠져 나온다.

‖ *WSJ* 1928년 12월 12일) ‖

100

다니엘 드루는 이런 말을 자주 했다. "손실은 짧게
끊어버리되, 이익은 계속 커나가도록 놔둬라."
매우 훌륭한 가르침이다. 하지만 드루 본인도
말년에 가서는 자신의 말처럼 했어야 했을 때
정작 그렇게 하지 못했다. 드루의 말 속에는 투자자가
명심해야 할 중요한 원칙이 담겨있다. 만약 어떤 주식을
매수했는데 주가가 올라가면 기다려야 한다. 그러나
매수한 종목의 주가가 떨어진다면 그건 매수 결정이
틀렸다는 것이므로 재빨리 매도해 손실을
끊어버리는 게 낫다는 것이다.

그런데 대중들은 대체로 이 원칙과 정반대로 한다.
대개의 투자자들은 주가가 2~3% 오르면 이익을 챙긴다.
반면 주가가 2~3% 떨어지면 다시 회복하기를 바라며
기다리는데, 그러다 보면 때로는 하락폭이 10% 이상으로
커지게 된다. 신용으로 주식을 매수했을 경우
손실이 불어나면 투자 원금을 전부 날릴 수도 있다. 결국
주가가 거의 바닥에 근접한 시점이 돼서야 낙담한 채
매도하게 된다. 수많은 투자자들이 자신의 거래기록을
돌아보면 작은 이익은 수없이 거뒀는데 단 한 번
큰 손실을 보는 바람에 이익을 전부 날려버렸다는 사실을

발견할 것이다. 만약 이익은 비교적 크게 거두는 반면 손실은 작게 본다면 이런 투자자는 주식 투자를 어떻게 해야 하는지 배웠다고 할 수 있다.

그런데 드루의 말을 실행에 옮길 때 어려운 점은 작은 손절매라도 몇 차례 하다 보면 생각이 달라진다는 것이다. 가령 2% 손절매 원칙에 따라 두세 차례 손실을 본 투자자가 있다고 하다. 그런데 이 투자자가 손절매 한 뒤 며칠 지켜보니 주가가 다시 올라 손절매 할 필요가 없었다는 사실을 알게 된다. 그래서 다음부터는 더 이상 손절매 하지 않고 기다리겠다고 결심한다. 그런데 이번에는 아무리 기다려도 주가가 회복되지 않는다.

제이 굴드는 자신의 투자 원칙을 이렇게 정리했다. "향후 시장 상황을 예측하는 데 전력을 기울인 다음, 일단 투자를 하면 예상했던 결과가 나타날 때까지 무슨 일이 있든 참고 기다린다." 이 역시 아주 뛰어난 말이지만 앞서 소개한 다니엘 드루의 투자 원칙과는 전혀 다른 의미다. 우선 굴드는 앞날을 예측하는 능력이 있다고 전제했는데, 그렇다면 이 세상 누구보다도 현명한 사람일 것이다. 실제로는 많은 사람들이 굴드의 말처럼 해보려고 시도하지만

자신의 예측 능력이 부족할 뿐만 아니라
용기와 인내심도 없음을 깨닫고 만다. 그럼에도 불구하고
이 원칙은 단지 어렵다고 해서 무시해버려서는
절대 안 된다. 제한된 범위 안에서 우리는
앞날을 내다볼 수 있다. 현재는 늘 미래를 향해 나아가고
주의 깊게 관찰하면 오늘의 시장 환경 속에서
내일의 위험과 희망을 읽어낼 수 있으니 말이다.

|| 찰스 다우 ||

101

어떤 주식을 사든 투자자에게는 매수하는 이유가 있게
마련이다. 해당 종목의 주가가 상승할 것이라는 이야기를
들었을 수도 있고, 현재 주가가 내재가치에 비해 낮다는
믿음 때문일 수도 있다. 혹은 현재 시장이 강세장이라는
판단 아래 이 종목도 다른 주식만큼 상승할 것이라고
확신했을 수 있다. 어쨌든 이런 이유로 주식을 매수하게
되는 것이다. 물론 대부분의 투자자들은 자신이 매수한
주식에 대해 100% 정확하게 파악하지는 못한다.
대개는 다른 사람의 조언이나 추천에 따라 매수한다.
매수 권유 타이밍이 딱 맞아떨어질 경우나 주변 여건이
괜찮을 때는 당연히 매수하는 게 옳을 것이다. 더구나
대형 기관투자가나 대규모 세력이 분명한 매수 근거를
갖고서 주가를 끌어올리고 있다면 그것만큼 확실한
투자 이유도 없을 것이다.
하지만 누구나 쓰디쓴 경험을 통해 알고 있듯이
"제아무리 주도 면밀하게 세워놓은 계획도 가끔은
어긋나게 마련"이다. 사실 대형 기관투자가라 해도
시장 흐름에 대한 판단을 변경할 수 있고,
언제든 다른 행동에 나설 수 있다. 따라서 믿을 만한
소스로부터 정보를 얻은 투자자라 할지라도

자신이 매수한 주식이 반드시 수익을 낼 것이라고는
장담할 수 없다. 이런 경우 투자자에게 가장 확실한
안전장치는 스톱오더다. 주가가 계속 상승세를 타고
있다면 그냥 가만히 놔두면 될 것이다. 그러나
주가가 하락한다면 스톱오더로 손실을 짧게
끊어버릴 수 있다. 만약 처음 판단대로 시장이 흘러갈
것이라고 생각하고 스톱오더를 해놓지 않는다면 조기에
손절매 하지 못해 종국에는 큰 손실로 연결될 수 있다.

‖ 찰스 다우 ‖

102

스톱오더를 활용하기가 어려운 이유는 막상 팔고 나니
주가가 상승해 굳이 손절매 할 필요가 없었던 경우를 종종
경험하기 때문이다. 이건 어쩔 수 없다.
하지만 그렇다 해도 그때그때의 시장 상황에 맞춰
적절한 스톱오더를 미리 해놓는 게 현명하다.

‖ 찰스 다우 ‖

103

스톱오더가 가장 필요한 경우는 일단 주식을 매수하기는
했는데 100% 확신하지 못할 때다. 또 피라미드 방식으로
주식을 매수할 때도 스톱오더는 필수적이다. 즉 매수한
주식의 주가가 1%씩 올라갈 때마다 추가로 매수하는
경우인데 이럴 때 스톱오더는 그동안 쌓아온 수익이
손실로 돌변하는 것을 막아준다.

‖ 찰스 다우 ‖

104

스톱오더는 공격적인 투자자에게 아주 적합한 수단이다.
이들은 손실은 적게 보되 한번 이익을 보면
크게 챙기고자 하는데, 네댓 번 시도해서 한 번 성공하면
충분하다고 여긴다. 스톱오더는 또한 소액 투자자나
시세판을 자주 확인할 수 없는 투자자,
매우 조심스러운 투자자에게도 적합하다. 하지만
스톱오더는 거래량이 많은 종목에만 활용해야 한다. 쉽게
매도하기 힘들고 매도에 따르는 비용도 많이 드는 종목은
절대 스톱오더를 해두어서는 안 된다.

‖ 찰스 다우 ‖

105

지금처럼 평균주가가 극히 미미한 변동을 이어갈 때
이런 상황으로부터 아주 유용한 신호를 이끌어낼 수 있다.
이런 경우 "오로지 때를 기다리며 지켜보는 자"에게
행운이 돌아갈 것이다.*

|| *WSJ* 1910년 9월 20일 ||

* 이 무렵 산업 평균주가는 8월 22일 이후 근 한 달간 불과 1.26포인트 내에서 움
  직였으며, 철도 평균주가의 변동폭은 2.31포인트에 그쳐 주식시장은 그야말로
  숨을 죽인 상태였다.

106

지난 7주 동안 주가가 박스권 안에 갇혀 안정적으로
움직여왔던 이유가 상승을 위한 매집이 아니었다면,
유일하게 달리 설명할 수 있는 이유는 매물 출회가 아주
조심스럽게 이루어졌음을 의미한다. 다시 말해 매도를
위해 어느 정도의 시간이 필요했던 사람들이 이 기간 중에
물량을 처분했다는 것이다. 주식을 많이 보유하고 있는
세력들은 결코 대중이 생각하는 것처럼 움직이지 않는다.
그러나 이들도 남들처럼 한꺼번에 움직일 수밖에 없도록
만드는 심리적 요인이 있다. 현재 시장을 떠받치는 힘이
아무리 강하다 하더라도, 결국에는 포화점에 도달하는
순간이 오게 마련이다. 그 순간이 닥치면
월스트리트의 대형 은행은 물론 세계 어떤 금융기관도
물밀듯이 몰려오는 매도 물량을 당해낼 수 없다.

‖ *WSJ* 1912년 1월 17일 ‖

107

한 마리의 제비가 여름을 만들지 못하듯이
개별 종목 하나의 거래가 늘었다고 해서 시장 전체를
변화시키지는 못한다. 특정 종목의 시세 조종이 있었지만
당초 의도했던 것과는 반대로, 즉 해당 종목과
여타 광산주에 대한 대중의 관심을 높이기 보다는 오히려
시장에서 일반 투자자들이 빠져 나가도록 만들었다.
이 같은 상황에서는 소액 투자자에게 돌아올 기회는
별로 없다. 자신이 좋은 거래를 할 수 없다고 생각할 때
자신보다 뛰어난 선수와 경쟁하기를 거부하는 것은
당연하다. 이런 점에서 현재 시장의 질은 매우 악화됐고
박스권을 탈피하기 전까지는 개선될 기미가 없어 보인다.

|| *WSJ* 1912년 1월 29일 ||

108

관성의 힘은 주가뿐만 아니라 거래량에도 영향을 미친다. 관성의 힘은 앞으로 주가와 거래량의 기본 흐름이 변할 것인가를 알려주는 결정적인 지표를 제공하는 경우가 많다. 두 평균주가는 이번에 박스권으로 접어들기 전에 새로운 연중 고점을 기록하며 강세 신호를 던져주었다. 이 같은 관점은 물론 취소되지 않았고, 최악의 경우라도 하락은 "이보 전진을 위해서는 일보 후퇴해야 한다(reculer pour mieux sauter)"는 프랑스 속담처럼 더 높이 뛰어오르기 위해 한걸음 물러서는 것 이상은 될 수 없다.

지난 6주간의 평균주가가 보여주고 있듯이 일정한 거래량을 유지하면서 형성되고 있는 긴 박스권은 중요한 사실을 알려주고 있다. 새로이 도달한 고가권에서 매물 출회가 성공적으로 이루어지고 있거나, 아니면 주가가 더 높이 올라갈 수 있다고 믿는 강력한 세력의 물량 축적이 진행되고 있거나 둘 중 하나다. 기업 경기와 해외 무역 추이, 농산물 수확량, 정치적인 전망 등 여러 가지 가능성들이 매일매일의 주가 등락에 영향을 미치는 것은 사실이지만 다우 이론에서는 이런 요인들을 차라리 무시해버린다. 이런 요인들이 매일매일의

주가 등락이 아니라 단기적인 주가 움직임에
영향을 미치는 경우는 가끔 있을 수도 있지만,
시장의 큰 흐름에 영향을 미치는 경우는 절대로 없다.
평균주가는 이런 요인들을 미리 반영하고 있으며,
오히려 일시적으로 평균주가에 영향을 미치는 요인들을
배제할 경우 미래를 예측하는 데 신뢰성이 높다.
평균주가가 전해주는 신호를 이용해 단기적인 투기에
나서서는 안 된다는 점을 강조한다. 특히 거래가 급증하고
하루하루의 주가 등락이 심할 때 이런 식으로 투기를 하면
매우 위험하다. 그러나 평균주가는 주식시장의
미래 흐름을 알려주는 가이드로서, 또 주식을 거래하는 데
최고의 바로미터로 매우 귀중한 존재다. 평균주가는
6주 전, 어쩌면 그 이전에 이미 강세 신호를 주었으며,
이 신호는 여전히 유효하다. 그 이후 시장은
좁은 변동폭 안에서 긴 휴식을 취하면서 힘을 좀더
비축한 것으로 보인다.

‖ *WSJ* 1911년 7월 14일 ‖

109

월스트리트에는 틀리는 경우보다 맞는 경우가 더 많은,
소수의 아주 유능한 트레이더 그룹이 있다. 이들이 쓰는
방법이란 때로는 무의식적으로 그럴 수도 있지만 어쨌든
기술적인 신호에 전적으로 따르는 것이다. 다시 말해
이들은 농산물 수확량이나 정치 상황 따위는 고려하지
않는다. 이들이 요즘 평균주가가 보내주는 신호에 따라
주식을 거래한다면 아마도 추가 상승 쪽에 돈을 걸되,
재빨리 빠져 나오는 포지션을 취할 것이다. 주가 회복세가
중단되거나, 트레이더들이 "강세는 어렵겠어"라고 말하는
시장이 되면 이제 매도 쪽으로 전환했음을 의미한다.
대세하락 흐름이 최종적으로 끝났다는 징후는 없지만,
여기서 약간의 추가적인 상승이 나타나면 긴 약세장에서
특징적으로 출현하는 한 달 가량의 2차적인 반등이 다시
시작될 수는 있을 것이다.

|| *WSJ* 1910년 7월 19일 ||

110

월스트리트에서 일을 한다고 해서 반드시 유리한 것은
아니다. 이런 사람들 가운데는 한 달씩이나 주식을
보유하고도 돈을 벌지 못하는 경우가 허다하다.
근거 없는 루머나 작은 하락에 겁을 집어먹기 때문이다.
시장을 매일같이 관찰할 수 없는 투자자는 이런 일을
피할 수 있다. 이것이야말로 이들이 누릴 수 있는 가장 큰
이점이다. 시장은 그 속성상 때로 급변할 수 있는데,
그러면 이익이 순식간에 손실로 돌변한다거나
예상하지 못했던 큰 손실로 이어질 수 있다.
시장에서 멀리 떨어져 있는 투자자는 무엇보다 먼저
주가가 내재가치를 밑도는 주식을 매수해야 한다.
단지 마음속으로만 그렇게 다짐하는 것으로는 안 되며
행동으로 보여줘야 한다. 특히 매수한 직후에
주가가 상승하지 않고 하락할 경우에도 절대로 믿음이
흔들려서는 안 된다. 또한 내재가치를 고려해
투자 대상 주식을 결정한 다음에는 가능한 한
시장이 조정을 받아 일시적으로 하락할 때까지
매수 타이밍을 기다려야 한다.
가령 다우존스 평균주가는 10포인트 올라가면
4포인트 정도는 되밀리는 게 보통인데,

대세상승이 계속 이어질 것을 감안한다면 바로 이때가
매수 타이밍이다. 투자자는 이때 인내심을 갖고 저평가된
우량주를 매수해야 한다. 혹시 다른 종목들은 상승하는데
자신이 매수한 종목만 올라가지 못할 수도 있다. 누가
어떤 종목으로 대박을 터뜨렸다는 소식이 매일같이
들려올 수도 있다. 비록 현재의 주가 움직임이 그렇게
보일지라도 이런 이야기에는 귀를 틀어막아야 한다.
자신이 보유한 주식, 즉 내재가치에 비해 주가가 현저히
저평가된 종목을 꿋꿋이 보유하고서, 다른 투자자들이
이 종목의 주가가 너무 낮다는 사실을 발견해 매수에
동참하거나 마침내 세력들이 주가를 끌어올릴 때까지
기다려야 한다.

|| 찰스 다우 ||

111

1907년의 대(大) 약세장을 돌아보면, 저점을 기록한 뒤
랠리가 나타났다가 다시 하락하게 되면 여지없이
직전 저점을 하향 돌파했으며, 이는 약세장이 지속되고
있다는 아주 강력한 신호였다. 이 같은 주가 움직임은
그해 10월의 폭락 직후까지 이어졌고, 11월 말이 돼서야
시장의 흐름이 반대 방향으로 움직이고 있다는 신호가
나타나기 시작했다. 지난 목요일 급락세를 보였던
평균주가의 움직임은 시장이 하락 추세로 반전됐음을
알려주는 신호가 됐다. 물론 아직까지는 이 같은 시그널이
신뢰할 정도로 그렇게 확실하지 않다. 그러나 우리가
"부정적인 뉴스는 이미 다 나왔다"며 강세장이 다시
시작될 것이라고 생각한다 할지라도, 평균주가의 흐름은
긴 강세장이 이어져왔던 지난 2년 동안 보지 못했던
약세 분위기를 띠고 있는 게 분명하다.
비관적인 시각은 절대 우리 신문이 취해온 입장이
아니었다. 그러나 시장이 천정에 도달했을 때
우리 신문은 제발 보수적인 시각을 가져달라는
진지한 기사를 실었다. 그리고 지금까지 이 같은 목소리를
낮출 만한 어떤 일도 일어나지 않았다.

‖ *WSJ* 1909년 9월 11일 ‖

112

사상 초유의 약세장이 이어졌던 1930년 7월과 8월에는
두 가지 평균주가 모두 이중 바닥을 형성했다. 이것은
주가가 이제 강력한 하방 경직성을 갖게 됐다는 것을
의미했고, 많은 시장 분석가들은 앞을 다퉈 약세장이
끝났다는 신호라고 이야기했다. 그러나 불과
몇 주도 채 지나지 않아 대세하락은 다시 이어졌고
90일 만에 산업 평균주가가 60포인트 가까이 폭락했다.
더욱 최근의 예를 들자면 1930년 말부터 1931년 초까지
"삼중 바닥"이 두 가지 평균주가의 흐름에서 모두
형성됐지만, 시장은 전혀 예측할 수 없는 움직임을 보이며
대세하락 추세를 다시 이어갔다. 한마디로 이중 천정과
이중 바닥이 만들어질 경우 열 번 가운데 아홉 번은
투자 결정에 아무런 도움도 되지 않는다고 말할 수 있다.

‖ 다우이론 ‖

113

성공 투자의 첫째 덕목은 인내다. 대부분의
투자자들은 수익이 나면 서둘러 팔아 치운 다음 뒤늦게
후회한다. 두말할 필요도 없이 인내심이 부족하기
때문이다. 주식시장의 대세상승은 어느날 갑자기
시작되는 게 아니다. 시장은 좁게 보면
작전 세력이 판을 치는 것 같지만 넓게 보면
경제 상황에 따라 움직인다. 경기가 호전될 것으로
기대되면 주가가 오르다가 막상 경기가 좋아지면
주가가 지지부진해질 수 있다.
급상승했던 주가가 급락할 수도 있고,
뉴스가 나온 뒤에 랠리가 나타날 수도 있다.
조류는 밀려 들어왔다가 나가고, 그 사이에는
파도가 잔잔한 휴지기도 있다. 경제도 확장과 침체를
반복하고, 어떤 때는 경기가 좋아질지 나빠질지
전혀 예상할 수 없는 시기도 있다. 주식시장 역시
이와 똑같이 움직이는 것이다.

‖ 찰스 다우 ‖

투기의 철학

주식 투자자에게 배움의 과정은 끝이 없다.
투기라는 게임은 절대 사라지지 않을 것이며,
언제든 시장을 이길 만큼 많이 알 수도 없다.
주식시장의 수수께끼는 영원히 풀리지 않을 것이다.
성공적인 투자자들은 아주 값비싼 대가를 치러가며
뼈아픈 교훈을 배워왔을 것이다.
이들에게 물어보면
누구도 스스로를 "주식 시장의 달인"이라고 내세우지 않을 것이다.
단지 가끔 정확하게 맞추는 "시장의 학생"일 뿐이라고
대답할 것이다.

114

주식시장의 모든 움직임에는 그에 합당한 이유가 있다.

누구도 미래의 사건을 정확히 예측할 수 없고,

따라서 주식 투자에 성공할 수 있는 능력은

제한적일 수밖에 없다. 투기는 하나의 사업이다.

어림짐작이나 도박이 아니다. 투기는 매우 힘든 일이며

많은 노력을 필요로 한다.

|| 주식시장 바로미터 ||

115

위험을 파악하고 투기를 하는 현명한 투기자와
그저 심심풀이로 주식에 투자한 뒤 시장이 어떻게 되든
상관없다고 생각하는 무심한 투자자들을 절대
동일선상에서 비교해서는 안 된다.
무심한 투자자들은 손실을 보는 게 일반적이다. 반면
현명한 투기자는 비록 큰 성공을 거두지 못하는 한이
있더라도 적어도 자신이 감내할 수 있을 정도로
손실을 줄일 줄 안다.

‖ 다우이론 ‖

116

월스트리트에서 돈을 날렸다는 사람은 수도 없이 만나지만, 월스트리트에서 큰 돈을 벌었다는 사람 이야기는 거의 듣지 못한다. 내 경험을 토대로 말해보자면 주식으로 큰 돈을 번 사람들은 대개 입이 무거운 사람들이다. 이들은 어지간해선 자신이 거둔 투자 성공 사례를 입밖에 내지 않는다. 그저 신중하게 투자했을 따름이라고 이야기할 뿐이다.

‖ 주식시장 바로미터 ‖

117

누구도 바닥에서 매수하거나 천정에서 매도하기를
기대할 수는 없다. 항상 자신의 판단이 백발백중
정확하기를 바라거나 손실을 피할 수 있을 것이라고
생각해서도 안 된다. 주식시장에서 돈을 번 사람들
대부분은 열 번의 거래 가운데 여섯 번은 수익을 거두고
네 번은 손실을 보는데, 그렇게 해서 최종적으로
순이익을 남기는 것이다.

|| 찰스 다우 ||

118

소매업이나 제조업, 호텔 사업으로 성공한 많은 사람들이
위험을 무릅쓰고 제대로 알지도 못하는 사업 분야인
주식 투자에 애써 번 돈을 쏟아 붓는 이유에 대해
나는 아직 누구로부터도 만족스러운 설명을 듣지 못했다.
이들은 주식을 거래한다는 게 아무런 지식이나 노력
없이도 가능하다고 생각하는 것 같다.
자신들이 하고 있는 사업을 확장할 때는 추가로 투자해서
벌어들일 수 있는 수익을 하나하나 따져보지 않으면
절대로 투자하지 않을 사람들인데도 말이다.
어떤 경우에는 투자자문 서비스를 받기도 하지만
솔깃한 정보나 회사 내부 사정에 관한 소문을 들을 때마다
너무 자주 사고 판다. 심지어 이들이 투자자문 기관에서
제공하는 정보에 따라 주식을 거래한다 해도, 실제로
투자자문 기관의 담당자가 얼마나 뛰어난 능력을
갖고 있으며, 과거에 이들이 내놓았던 주가 예측이
얼마나 정확했는지 상세하게 파악할 수는 없다.
투자자문 기관에서 제공하는 정보가 정말로 선전하는
것처럼 그렇게 정확하다면, 이런 정보를 생산해내는
담당자는 시장에서 직접 투자하는 게 더 나을 것이다.

|| 다우이론 ||

119

주식시장에서 "파산하는" 투기자들은 대개
자신이 본래 하는 사업에서 위험을 감수하고
그만한 돈을 투자했다면 당연히 기울였을
주의와 시간을 주식에는 기울이지 않은 사람들이다.
이들은 손실을 입게 된 가장 큰 이유가
자신의 무지 때문이라는 사실을 결코 인정하지 않는다.
이들은 "월스트리트"를 비난하거나, 알 수 없는
속임수로 자신의 돈을 빼앗아간 "약세론자"를 공격한다.
이들은 성공적인 투기를 위해서는 그 어떤 분야보다
더 많은 노력과 연구, 지적인 능력, 인내심, 그리고
정신적인 단련이 필요하다는 사실을 이해하지 못한다.

‖ 다우이론 ‖

120

월스트리트에는 거대 투자자들에 못지 않은

엄청난 영향력을 가진 가설이 있는데,

그 중 대표적인 것이

"희망하는 것은 실제로 믿게 된다"는 것이다.

|| *WSJ* 1911년 10월 9일 ||

121

정확한 타이밍에 주식을 매수해
정확한 타이밍에 매도하기만 했다면
10%의 증거금만 갖고 투자했어도,
즉 90%의 신용을 썼다 해도 충분했을 것이라고
사람들은 이야기한다. 그러나
"그렇게 했었더라면"이라며 지나간 일을 생각하는 것과
앞으로 무슨 행동을 실제로 결행하는 것은
하늘과 땅만큼이나 큰 차이가 난다.

|| 찰스 다우 ||

122

하늘이 두 쪽 나는 한이 있더라도 주식 매수자금의 90%를
신용으로 쓰려는 생각 따위는 지워버려야 한다.
신용은 반드시 당신이 통제할 수 있는 수준이라야 한다.
당신이 사업을 하든 아니면 이자수입을 갖고 살아가든
당신이 입을 수 있는 투기적 손실은 땅을 치고
후회할 정도의 금액을 넘어서는 절대로 안 된다.
이렇게 말한다면 다소 심하게 들릴지도 모르겠다.
하지만 도박이란 자신이 지금까지 벌지 못한 것을
얻기 위해 스스로 감당할 수 없는 위험을 무릅쓸 때
시작되는 것이다.

‖ 주식시장 바로미터 ‖

123

요즘은 누구나 주식 투자를 한다.
오랜 경험을 통해 알게 된 사실은
시장에서 모든 사람의 일치된 판단은 불과
몇몇 사람의 판단보다 결코 낫지 않다는 것이다.

|| *WSJ* 1928년 12월 8일 ||

124

시장 분석가들이 제시하고 있는 약세 요인들은 이미
주가에 반영됐고, 그래서 지금 주가는 낮은 것이다.
주식시장이 충격에 휩싸이면 패닉이 나타난다. 하지만
역사를 뒤돌아보면 시장이 충격에 휩싸여 패닉에
빠져드는 경우는 극히 드물었다. 지금 주식시장은
모든 악재들이 다 드러난 상태고, 누구나 그것의 심각성을
인정하고 있다. 그러나 주식시장은 현재 많은 사람들이
받아들이고 있는 사실에 따라 움직이지 않는다.
주식시장은 적어도 앞으로 수 개월 뒤를 내다볼 수 있는
사람들의 전문적인 지식의 총합에 따라 움직이는 것이다.*

|| *WSJ* 1921년 10월 4일 ||

* 해밀턴은 앞선 칼럼(9월 21일자)에서 "대세상승을 위한 무대가 만들어지고 있
  다"고 썼는데, 여러 독자들이 현재 상황이 매우 불안하다는 지적을 해오자 주
  가가 왜 더 이상 떨어지지 않는지를 이렇게 설명한 것이다.

125

다우존스 평균주가를 모방한 수많은 주가지수들이 있지만 여전히 기준은 다우존스 평균주가다. 또한 시중에는 다우존스 평균주가를 읽어내는 여러 가지 방법들이 나와 있다. 그러나 그 어느 것도 다우이론에 필적할 만한 검증과정을 거치지 않았다. 다른 방법들이 공통적으로 갖고 있는 약점은 평균주가를 읽어내는 사람의 의도가 개입되고, 이로 인해 외생적인 변수가 끼어든다는 점이다. 평균주가를 주식 거래량과 결합하려고 한다거나, 상품지수를 참고해 평균주가를 해석하려는 불필요한 시도들이 행해지고 있다. 그러나 평균주가에는 이 모든 것들이 이미 반영돼 있다는 사실을 알아야 한다. 기상예보관의 바로미터에는 날씨에 영향을 미치는 모든 변수들이 포함돼 있는 것과 마찬가지다. 주가의 흐름은 월스트리트가 알고 있는 모든 지식을 반영하고 있으며, 특히 다가올 사건들에 대한 정보도 전부 반영하고 있다.

|| 주식시장 바로미터 ||

126

과거의 경제적 기록에서 얻어낸 수많은 수치들을
한데 뭉뚱그려 나름대로 미래의 흐름을 예측할 수 있는
주가지수를 만들어내는 것은 그렇게 대단한 작업이라고
할 수 없다. 문제는 이런 모든 작업이 과거의 수치를
바탕으로 해서 이루어지며, 따라서 불가피하게
역사는 되풀이될 것이라는 전제를 기본으로 할 수밖에
없다는 점이다. 그런 점에서 어떤 주가지수의 유용성을
받아들이기 이전에 반드시 그 주가지수가 지금까지
발전되어온 상당히 오랜 세월 동안 제대로 검증을
받았는지 따져봐야 한다. 다우이론은 이런
검증 과정에서 당연히 살아 남았다.

‖ 다우이론 ‖

127

다우이론에 공감하는 독자들조차 이렇게 물어온다.
다우존스 산업 평균주가와 철도 평균주가의
과거 움직임을 분석해 현재의 주식시장 흐름을 추정하는
방식이 실증적이라고 할 수는 없지 않은가? 물론 그렇다.
하지만 전적으로 그런 것은 아니다. 이 방식은 결코
엉터리가 아니다. 과거의 수많은 사례들로부터 도출해낸
결론에 대해서도 얼마든지 이런 의문을 제기할 수 있다.
중요한 것은 이 방식이 제시하고 있는
과학적 정확성이다. 다우이론 역시 인간이 만든 것이고
당연히 한계를 갖고 있다. 그러나 그렇기 때문에
다우이론은 지금까지 알려진 어떤 경기 지표도
근접할 수 없는 뛰어난 예측 능력을 갖고 있다고
말할 수 있는 것이다.

|| 주식시장 바로미터 ||

128

월스트리트는 기업 경기와 관련된 모든 것들에 대해
알고 있는 모든 사람의 정보와 지식이 전부 모여드는
거대한 저수지와 같은 곳이다. 이런 전제는 충분히
검증 가능하다. 주식시장의 평균주가가 어느 개인이
알 수 있는 것보다 더 많은 것을 반영하고, 이 세상에서
현금 동원력이 가장 큰 작전 세력보다 더 큰 존재인 것도
이런 이유 때문이다.*

|| *WSJ* 1927년 10월 4일 ||

* 해밀턴은 이어 "지금처럼 높은 주가 수준에서 일어나는 2차적인 조정은 이전보
  다 훨씬 더 심각할 수 있다"고 경고했다.

129

다우이론은 경기 사이클이나 경제 시스템, 심지어
많은 사람들이 받아들이는 흥미로운 추론이나
유행 따위도 대수롭지 않게 여긴다. 다우이론은
이런 것들이 쓸모 있을 경우 전부 활용하고,
수집할 수 있는 다른 작은 정보들까지 모두 함께
이용한다. 주식시장의 움직임은 수집 가능한 모든 지식을
전부 반영하기 때문이다. (……) 다우이론의 실용적인
기초는 그것이 현실적인 가설에 불과하다 할지라도
인간의 본성 그 자체에 있다. 번영이 시작되면 인간은
결국 도를 넘어서게 된다. 과도한 질주로 인한 때늦은
후회는 앞서 번영이 찾아왔던 것과 마찬가지로
경기 후퇴를 낳는다. 참혹한 패닉과 함께 어두운 시간이
몰려들면 노동자들은 일할 수 있는 직장이 있다는
것만으로도 감사하고, 적은 임금 가운데 일부를
저축해나간다. 자본가들 역시 적은 이윤이라도 만족하며
자본의 회전율을 높이는 데 주력한다.

|| 주식시장 바로미터 ||

130

매일같이 변동하는 다우존스 산업 평균주가와
철도 평균주가는 모든 희망과 실망, 그리고
경제와 관련된 어떤 사실이든 그것을 알고 있는 사람들
모두의 지식을 전부 반영한 종합적인 지수다.
그런 점에서 평균주가의 흐름에는
다가올 모든 사건(신의 섭리만은 제외하고)의 영향이
적절하게 할인돼 반영된다. 또한 대홍수나 지진 같은
자연적 재난들도 순식간에 평균주가에 반영된다.

‖ 다우이론 ‖

131

다우이론은 머리가 아니라 마음과 가슴으로 이해해야
한다. 주식시장에는 세 가지 흐름이 있다. 가장 큰 흐름은
그것이 강세장이든 약세장이든 1년에서 3년 정도
이어진다. 2차적인 조정 또는 반등은 경우에 따라
다르지만 단 며칠에서 길면 몇 주 이상 지속될 수 있다.
그리고 매일매일의 주가 등락이 있다.

이들 세 가지 흐름은 동시에 나타난다. 마치 조류가
밀려올 때면 바닷물이 해안선 안쪽으로 더욱 깊숙이
들어오지만 그래도 끊임없이 파도는 들어왔다가
밀려나가는 이치와 같다. 2차적인 반동이 시장의
가장 큰 출렁임이라고 할 수 있는 기본적인 주가 흐름을
일시적으로 후퇴시킬 수도 있다. 그러나 자연의 법칙은
우리가 그것에 맞설 때조차도 여전히 강력하게 작용한다.

‖ 주식시장 바로미터 ‖

132 다우이론이라고 해서 완전무결한 시스템은 아니며,
늘 시장을 이길 수 있게 해주는 수단도 아니다.
다우이론을 성공적인 주식 투자 전략으로 활용하기
위해서는 진지한 공부가 필요하고, 반드시 객관적인
시각으로 과거의 자료를 모으고 해석해야 한다.
이렇게 얻어진 결론보다 자신의 주관적인 바람이
앞서가서는 결코 안 된다.

‖ 다우이론 ‖

133

만약 다우이론이 실패 확률 0%의 완벽한 이론이라면

혹은 다우이론의 의미를 언제든 정확하게

해석하는 사람이 한두 명이라도 있다면

주식 투자라는 것 자제가 사라질 것이다.

‖ 다우이론 ‖

134

(평균주가로 추세를 판단하는 데는) 때로 예외도
있을 수 있다. 사실은 그래야 더 진실하다고 할 것이다.
그렇지 않다면 이 방법을 써서 주식시장에서
늘 확실하게 이길 수 있을 것이기 때문이다.
물론 이런 방법이 실제로 존재한다면 어떤 시장도
살아 남지 못할 것이다.

‖ 다우이론 ‖

135

우리는 기상청에서 일기예보를 하면서
눈보라가 정확히 몇 월 몇 일 몇 시부터 몰아칠 것이며,
눈보라는 몇 시간 동안이나 지속되고,
적설량은 정확히 몇 센티미터가 될 것인지 말해주기를
바란다. 그러나 기상청의 일기예보는 다우이론과
마찬가지로 경험적인 자료에 기초하고 있기는 하지만
아직 이 정도로 정확하지는 않다. 앞으로도 그렇게 정확한
일기예보는 나오지 못할 것이다. 하지만 우리는
그렇게 정확하지 않은 일기예보를 받아들이고
일기예보의 한계를 인정한다. 또 눈보라가
닥칠 것이라거나 날씨가 급변할 것이라는 기상 경보를
들으면 일기 예측의 과학성에 고마움을 느낀다.
다우이론에 대해서도 이와 같은 자세가 필요하다.

|| 다우이론 ||

136

다우이론을 수학적으로 한 치의 오차도 없이 적용하려고
한다면 그것은 마치 외과의사가 맹장 수술을 하면서
환자의 나이와 성별, 신장, 허리둘레 따위는 전혀
고려하지 않고 무조건 환자의 발등으로부터
위로 38인치 떨어진 지점에서 2인치 깊이로
배를 가르려는 것이나 마찬가지다.

‖ 다우이론 ‖

137

제아무리 출중한 투기자라 하더라도
때로는 전혀 예상하지 못했던 사건에 부딪칠 수 있고,
이로 인해 정말로 신중하게 짠 계획이었지만
형편없는 결과를 낳을 수 있다.
어떤 이론이나 예측 시스템으로도
샌프란시스코 대지진을 예상할 수는 없었고,
몇 해 전의 시카고 대화재도 상상할 수 없었다.

‖ 다우이론 ‖

138

주식시장의 흐름에 관한 다우이론은 결코 시장을 이기는 "시스템"이 아니다. 월스트리트는 땅뺏기 놀이를 하는 곳이 아니며, 몇 푼 안 되는 돈으로 순식간에 거부가 되는 곳도 아니다. 그러나 현재의 현명한 투기자(이들은 나중에 현명한 투자자가 될 것이다)가 주식시장 바로미터를 열심히 공부했는데도, 시장에서 자신을 보호할 방법을 찾아내지 못했다면 이 책은 적어도 그 점에서 소기의 목적을 달성하지 못했다고 할 수 있을 것이다.

주식시장 바로미터를 열심히 공부했다면 이미 대세상승과 대세하락 흐름을 올바로 이해하고 구분해낼 수 있을 것이다. 그런데 만약 이전에는 들어보지도 못한 종목에 관해 누군가로부터 솔깃한 정보를 얻어듣고서 월스트리트에 뛰어들었다면, 더구나 시장 전반이 대세상승인지 대세하락인지조차 모른 채 투기에 나섰다면, "돈을 제대로 굴려볼 기회도 없이" 빌린 돈까지 몽땅 잃을 확률이 아주 높을 것이다. 그러므로 시장의 큰 흐름이 어느 방향인지 이해하고, 대세상승에서 나타나는 전형적인 조정장 직후 주가가 완만한 움직임을 보일 때 매수 기회를 노린다면 수익을 올릴 확률이 훨씬 더 높아질 것이다.

한 가지 확실한 사실은 많은 사람들이 이런 점을
고려하지 않은 채 그저 돈을 잃어버릴 생각만 갖고
월스트리트에 들어오다 보니 안정적인 수익을
올리지 못한다는 것이다. 이들은 평생 돈만 날리다가
증권거래소를 향해 지독한 도박판이라고
실컷 욕이나 하고는 시장을 떠나버린다.

|| 주식시장 바로미터 ||

139

생산만큼 중요한 것이 배분이다. 자본의 배분이야말로
월스트리트의 가장 큰 기능이다. 직업적인 투기자들은
당신의 집 지하에 있는 보일러실의 압력계가 하는
일보다 더 중요한 역할을 한다. 월스트리트는
이 나라에서 가장 강력한 금융 발전소며, 보일러가
견딜 수 없을 정도로 압력이 높아지면 반드시 그것을
알아야만 한다. 억지로 비유하는 것은 곤란하겠지만
적어도 안전밸브가 필요하다는 사실은 누구나
이해할 것이다. 주식시장은 그 이상이다.
직업적인 투기자들은 비록 품위 없고 돈만 밝히는
사람들이라 해도 주식시장이라는 메커니즘에서는
아주 유용하고 매우 필요한 부분이다.
개인적으로 부를 쌓는 것이 사악한 일이라는 볼셰비즘을
받아들이지 않는다면 그 과정에서 부를 얻을 수 있느냐의
문제는 중요하지 않을 것이다. 최근에는 많은 사람들이
심정적으로 받아들이는 볼셰비즘의 아류가 있는데
국가적으로는 이것이 훨씬 더 위험하다.
이런 생각을 하는 사람들은 부와 이에 수반되는 영향력을
경쟁의 대상으로서가 아니라 시기의 대상으로 여긴다.
법으로 모든 사람을 부자로 만들 수는 없지만

법으로 모든 사람을 가난하게 만들 수는 있다.

가장 간단한 방법은 증권거래소를 없애버리는 것이다.

그러나 주식시장이 존재하는 한 우리가 할 일은

그것을 이해하는 것이다. 그렇게 함으로써 우리는

주식시장 바로미터를 더 개선하고 그것의 유용성을

늘려나갈 수 있을 것이다.

‖ 주식시장 바로미터 ‖

140

미국이라는 거대한 나라에서 가장 비난을 많이 받고,
이해해주는 사람도 가장 적은 곳인 월스트리트에서
서쪽을 향해 걷다 보면 트리니티 성당의 첨탑 위로
뉘엿뉘엿 해가 지는 모습을 볼 수 있다.
성당의 종소리는 마치 귀에 익은 크리스마스 성가처럼
들려오기도 한다. 신부님은 양의 무리가 다시
우리 안으로 돌아가듯 군중들이 제자리를 찾아가는
모습을 지켜보고 있을 것이다. 성당의 종소리를 듣고
있노라면 주님의 영광이 우리 주위를 어떤 식으로든
비추고 있음을 느낀다. 법으로 인간을 행복하게 만들고,
부유하게 만들고, 만족스럽게 만들 수 있는 여지는 거의
없다. 과거의 정부 형태는 두말할 필요도 없이 오늘날의
정부와 완전히 달랐다. 예전에는 모두들 오로지 정의만이
국가의 권위를 높일 것이라고 말했다. 훌륭한 정부의
바탕에는 미덕과 정의, 희생, 사랑이 있다는 사실을
월스트리트는 잘 알고 있다. 바로 이런 정신이 있어야
사람들은 스스로를 진정으로 다스릴 수 있기 때문이다.
우리가 공부하는 법률은 매우 근본적이고 이치에 맞고
자명한 논리라고 말해왔다. 진실로 그렇다면 먼 훗날
지금의 미국 헌법에 쓰여진 글자가 고고학자의

흥미로운 연구 대상이 되었을 때도 틀림없이 남아있을
영속적인 무언가가 있을 것이다. 또 당대의 작가는
꿈도 꾸지 않더라도 우리 시대의 많은 문학 작품들이
고전으로 살아남을 것이다. 이 같은 토대가 영원히
이어지는 것이다. 진실이란 그 안에 신성한 그 무엇을
담고 있기 때문이다.

‖ 주식시장 바로미터 ‖

141

법적인 규제가 아무리 많다 해도 개인이 자기 의지에 따라
행동할 수 있는 영역은 얼마든지 있다. 우리는 법으로
투기 행위 자체를 불가능하게 만들 수 있다. 그렇게 되면
미국 경제는 금방 마비돼버릴 것이다. 그러나
우리가 결코 법으로 강제할 수 없는 것은
개인의 의지와는 관계 없이 무조건 월스트리트에서
주식을 거래하도록 하는 것이다.

‖ 주식시장 바로미터 ‖

142

투기란 주식시장뿐만 아니라 어떤 시장에서나
필수적이다. 누구든 기회를 잡아야 하기 때문이다.
소비자를 상대로 커피를 파는 소매업자는 크건 작건
일정한 이익을 붙여 판매하는데, 소매업자에게 돌아가는
이익은 그가 커피시장의 상황을 정확히 판단했는가에
달려있다. 따라서 모든 시장은 현재의 조건뿐 아니라
미래의 조건에 맞춰 스스로 조정해나가야 한다.
그런 점에서 주식 역시 다른 상품과 비슷하다. 그러나
주식시장에 영향을 미치는 요인은 워낙 많기 때문에
시장의 움직임은 외부 환경의 변화까지 전부 반영한다.
월스트리트에서는 "뉴스가 나왔을 때는 더 이상 주가가
움직이지 않는다"는 말이 상식처럼 통한다.
현명한 투자자는 모두가 알고 있는 사실이 아니라,
그들만 알고 있거나 정확하게 예측한 사실에 따라
주식을 거래한다. 우리는 가끔 주식시장의 엄청난
하락세를 경험한 뒤 6개월쯤 지나 기업 경기가 위축되는
것을 경험한다. 이와 마찬가지로 주식시장은
지금은 명확하지 않지만 6개월쯤 뒤 경기가 호전될 것을
예상해 전반적인 상승세를 나타내기도 한다.

|| *WSJ* 1906년 6월 29일 ||

143

투기란 최선의 경우라 하더라도 결코 쉽게
부를 가져다 주는 길이라고 말할 수 없다. 하지만
분명히 말할 수 있는 것은, 확실한 이익을 보장하면서
눈 딱 감고 "작전"에 참여하라고 요구하는 사람에게
넘어가 투기를 한다면 반드시 손실을 볼 것이라는 점이다.
누가 당신에게 계좌 관리를 맡겨달라고 이야기한다면,
그렇게 요구했다는 것 자체가 그에게 절대로 돈을
맡겨서는 안 되는 명백하고도 확실한 이유가 될 것이다.

‖ 찰스 다우 ‖

144

소액의 자본을 운용하는 투기자들, 특히 얼마 되지도 않는
자금으로 도박을 하듯 투기하는 사람들은
프로 투기자들의 손아귀 안에서 온갖 고생을 다한다.
이들 소액 투기자들은 시장에 떠돌아다니는
"솔깃한 정보"나 "육감"에 따라 투자한다. 자신이 무엇을
거래하는지 진지하게 공부하려는 자세가 전혀 없다.
이들이 가진 정보란 전부 남에게서 들은 것인 데다,
좋은 정보와 그렇지 않은 정보를 구별해내는 능력조차
결여돼 있다. 무엇보다 이들은 주식시장과 아무런 관계도
없는 일을 하고 있고, 당연히 시장은 이들이 없어도
굴러가는 데 전혀 지장이 없다. 증권거래소가 이런 사람들
덕분에 유지된다고 생각한다면 큰 오산이다.
전 세계 어느 증권거래소든 자신들의 고객은 늘 더 나은
정보를 얻게 될 것이라고 이야기한다. 전문적인 지식이
요구되는 경기에 아무것도 모르는 무지한 사람이 나서
시합에 대해 정확히 이해하고 있는 상대방과 싸운다면
이 무지한 사람은 당연히 자신의 패배가 다름아닌
자신의 잘못 때문임을 깨닫게 될 것이다.

|| 주식시장 바로미터 ||

145

투기란 가격이 오르거나 내릴 때
이익을 얻을 것으로 기대하고
사거나 파는 것이다. 반면
도박은 금전 같은 판돈을 걸고서
그것을 날릴 수도 있는 게임을 하는 것이다.

‖ 다우이론 ‖

146

주식시장에서 활동하는 브로커들은 경마와 주식 투기의
차이에 대해 이렇게 설명한다. 어느 누가 경마장에 가서
1번 말이 이길 것이라고 생각하고 그 말에 돈을 건다 해도,
1번 말에 돈을 건 행위는 경주의 결과에 아무런 영향도
미치지 못한다. 반면 이 사람이 뉴욕증권거래소에 상장된
U.S. 스틸 주식 100주를 사거나 팔았다고 하면,
그가 투기로 했든 도박으로 했든 관계없이 100주의
주식을 사거나 판 행위는 주가에 영향을 미치게 된다.
어느 세력이 조심스럽게 U.S. 스틸 주식을 사모을 때는
오히려 주가가 제자리 걸음을 할 수 있다. 그러나 이렇게
주식을 사모으는 세력은 도박이 아니라 확실하게 계획된
투기를 하고 있는 것이다. 어느 나라든 대개 도박은
불법화하고 있지만 투기는 인정한다.

|| 다우이론 ||

147

해밀턴은 주식 투기의 도덕성에 관해 이런 글을 남겼다:
"투기가 도박처럼 다른 사람의 돈을 따먹는 수준으로
타락하지 않는 한 나는 주식시장에 도덕성의 문제가
개입될 여지가 없다고 생각한다."

|| 다우이론 ||

148

탐욕이 개입되지 않는다면 굳이 도박을 비난할 이유가
없다고 생각한다. 나는 가끔 성공회 신부인 내 친구와
약간의 돈을 걸고 브리지 게임을 하는데, 아무런 죄책감도
느끼지 못한다. 하지만 기껏 남에게 들은 말만 갖고서
신용까지 얻어 주식을 거래하는 아마추어 트레이더는
싸게 산 주식을 높은 가격에 파는 게 목적인 작전 세력이
만들어놓은 놀음판에서 도박을 한다고 밖에는 볼 수 없다.
그건 경마장에 가서 판돈을 대는 것이나 마찬가지다.
하지만 내가 말하는 투기는 완전히 다른 문제다. 언젠가는
미국인들 모두의 마음속에서 투기적 본능이 사라지는
날이 올지도 모르겠다. 만약 그런 날이 온다면, 혹시
조금이라도 손실을 볼 가능성이 있는 내기 게임을
법으로 금지한다면, 그 결과 "선량한" 미국인이 될 수
있을지는 몰라도 부정적인 의미의 선량함이 될 것이다.
월스트리트로 들어가면서 멀리 트리니티 성당의 외벽이
바라다보이는 브로드웨이에서 잠시 멈춰 주위를 돌아보면
훌륭한 미국인들을 얼마든지 만날 수 있다.
투기가 완전히 사라진다면 이 나라 역시
숨을 멈춰버릴 것이다.

‖ 주식시장 바로미터 ‖

149

투기 행위에는 불가피하게 내기 게임 같은 요소가
개입되게 마련이다. 사실 투기를 도박으로 만드는 것은
투기를 하는 사람들 자신이다. 분명한 사실은
비록 아마추어 투기자의 경우 월스트리트에서
어리석을 정도로 자주 "투기"를 하지만, 프로 투기자들은
그들이 절대 내기 게임을 하지 않으며
누구를 속이려고도 하지 않는다는 점을
확실하게 보여주고 있다는 점이다.

‖ 주식시장 바로미터 ‖

150

국가적인 경제성장 과정에서 기업이 투기적인 위험을
부담하기 때문이 아니라 단지 일부 개인이
부유해진다는 점 때문에 의회에서는 반(反) 기업적인
법률을 제정한다. 나라 전체를 가난하게 만들지 않는 한
기업인들을 가난하게 만들 수는 없다.

제2기 클리브랜드 행정부 시절에 경험했던 실험을
다시 또 시도해야겠는가? 그 시절은 우리 자신에 대한
신뢰나 믿음은 전혀 없이 오로지 포퓰리즘과 경기침체만
있었다. 지금의 대세상승 추세가 종말을 고하고
대세하락이 시작될 시점에 바로 이런 조짐이
나타나지 않을까 우려되는 것이다.

‖ 주식시장 바로미터 ‖

151

우리가 자신의 운명을 개척해나가도록 허락된 이 땅에서
미국의 정신도 제대로 발휘할 수 없다니 세상에 이게 말이
되는가? 역사적으로 뉴욕 주식시장은 누구도 예상할 수
없는 위험에 노출되지 않은 적이 거의 없었고,
위험이 닥쳐 유동성 위기에 빠지면
그 즉시 아무런 곤란도 겪지 않고 이를 벗어난 적도
없었다.*

|| *WSJ* 1924년 11월 12일 ||

* 주식시장이 강세를 이어가자 월스트리트를 향해 투기 세력의 음모라며 비난해
  대는 정치인들에게 해밀턴은 분노한 듯 이렇게 썼다.

152

갚을 능력만 있다면 신용으로 주식을 사는 것이나
은행 대출을 받아 집을 사는 것이나 아무런 차이도 없다.
다른 사람들의 문제를 늘 걱정해야 하는 복잡한
세상이지만 나는 여전히 이렇게 말한다. 주식 투자자가
자신이 감당할 수 있는 돈으로 주식을 거래하는 한,
비록 그 돈이 은행에서 대출받은 돈이라 하더라도 그건
전적으로 그 사람에게 달린 문제다.

‖ 주식시장 바로미터 ‖

153

경험에 비춰볼 때 경기 호전과 현재의 강세장은 당분간 함께 갈 것이고, 시장은 그때까지 사실이 아니라 전망에 따라 움직일 것이다. 강세론자였다가 단지 주식을 모두 매도하는 바람에 약세론자가 된 사람들은 주식시장에서 아무도 돈을 벌지 못한다고 확신할 때 더 행복해한다. 이들은 경기가 여전히 좋지만 반전이 멀지 않았을 때 시장은 늘 먼저 하락세로 돌아섰다고 말할 것이다. 하지만 막상 그 시점이 되면 이들은 지금 약세론을 내세우는 것처럼 강세론을 펼칠지도 모른다.

‖ *WSJ* 1922년 4월 6일 ‖

154

투자 규모가 크건 작건 주식을 거래하면서 일주일에 50%의 투자 수익률을 올리려 하지 않고 연간 12%의 수익률을 거두겠다는 생각을 갖는다면 장기적으로 훨씬 더 좋은 성과를 올릴 것이다. 사업을 하는 사람이라면 누구나 이런 사실을 다 알고 있다. 그러나 가게나 공장을 운영하거나 부동산 사업을 하면서 꽤 신중하다는 평판을 듣는 사람들조차 주식에 투자하면 전혀 다른 생각을 갖게 된다. 그 어떤 것도 진실을 넘어서지 못한다.

‖ 찰스 다우 ‖

155

만약 프로 투기자들이 실제로 거둬들이는 투자 수익률이
얼마나 되는지 정확히 알게 된다면 아마추어 투자자들도
손실을 줄일 수 있을지 모른다. 가령 거래소 현장에서
활동하는 어떤 플로어 트레이더가 100만 달러를 자신의
투기 자금으로 운용한다고 하자. 이 트레이더는
장기적으로 매년 20%의 수익률을 올리면 만족할 것이다.
사실 이 같은 수익률을 안정적으로 기록하는 트레이더는
그리 많지 않다. 그러나 2500달러의 자금을 운용하는
개인 투자자는 이 정도의 수익률에 만족하지 않을 것이다.
이 개인 투자자는 모험을 하듯 자신이 알지도 못하는
게임에 뛰어들어놓고선 프로 트레이더보다 훨씬 더 높은
수익률을 올릴 수 있을 것이라고 확신한다.
월스트리트에서 대단한 부를 쌓았던 전설적인 투기자들
대부분은 장기적으로 연 12% 수준의 수익률을 기대하며
투자했다. 이 정도 수익률도 복리로 꾸준히 쌓이면
투자 원금은 6년마다 두 배로 불어난다.
그러나 공부도 하지 않고 무작정 주식시장에 뛰어든
사람들이 장기적으로 이 같은 수익률을 올린다는 것은
상상하기 힘들다.

|| 다우이론 ||

156

예언자들이란 원래 죽을지도 모르는 위험을
뻔히 알면서도 그것을 무릅쓰는 사람들이다.
월스트리트에서 활동하는 예언자들은 특히 그렇다.
실제 상황이 어떻든 늘 낙관적인 예상을 내놓는
예언자들은 최악의 경우라도 기껏해야 바보 소리를
들으면 그만이다. 그러나 주식시장의 붐이
너무 과도하며 이미 정점을 지났다는 판단을 내린
예언자가 실제로 그렇다고 말하면 그에게 쏟아지는
공격은 훨씬 더 잔인하다.
그의 비관적인 예측이 옳은 것으로 판명되면
쓸데없이 시장의 분위기를 악화시켰다는 성난 목소리에
시달릴 것이다. 또한 시장이 하락할 것이라는
예측을 내놓은 동기가 아주 순수했고,
시장이 어느 쪽으로 움직이든 자신에게는
단 한푼의 이익도 돌아오지 않는다 하더라도
시장이 하락세로 기울게 된 원인 제공자라는
비난을 면치 못할 것이다.
대중들은 정말로 미가야와 카산드라*를 달가워하지
않는 것인가? 사실이 그렇고 실제로는 더 하다.
사람들은 진실이라 해도 그것이 귀에 거슬리면 결코

좋아하지 않는다. 1912년에 이런 일이 있었다.
전장에서 이름을 날린 용맹한 군인이자 뛰어난
엔지니어로 당시 미시시피강 관리위원회 의장을
맡고 있던 예비역 대령 C. 타운센드는 거대한 물줄기로
뻗어있는 미시시피강 상류 지역의 홍수로 인해 강물의
수위가 크게 높아질 것이라고 예언했다. 그는
미시시피강 하류에 있는 뉴올리언스 도시 전체가 한 달
안에 물에 잠길 것이라고 경고하면서 엄청난 재난을
조금이라도 줄이기 위해서는 당장 과감한 결단을
내려야 한다고 주장했다. 뉴올리언스 시민들은 과연
고마워했을까? 뉴올리언스 시민들은 오히려 분노의
집회를 열고, 태프트 대통령에게 불길한 재난을 떠벌리는
이 "위험한 인물"을 소환하라고 요구했다.
태프트 대통령은 특유의 성격처럼 가만히 있었고,
타운센드 의장도 자리에서 물러나지 않았다.
"사라진" 것은 미시시피 계곡의 엄청난 재산들이었다.
뉴올리언스 시민들이 피해를 입은 것은 두말할 필요도
없었다. 다행히 타운센드 의장의 경고를 진지하게
받아들였던 철도회사와 기업들은 심각한 타격에서
벗어날 수 있었다. 뉴올리언스 시장은 뒤늦게

타운센드 대령에게 사과하고 소환 요구를 철회했다.
미국 육군에서도 가장 뛰어난 엔지니어였으며 결코
나서지 않는 성격이었던 타운센드 의장은 자신을
비난하는 데 앞장섰던 뉴올리언스 시민들이나 시장에게
아무런 감정의 앙금도 갖지 않았다.

|| 주식시장 바로미터 ||

* 미가야는 구약성서에 나오는 인물로 아합왕에게 패전을 예언했고, 카산드라는
  그리스 신화에 나오는 트로이의 공주로 트로이의 함락을 예언했으나 아무도 믿
  지 않았고 결국 자신도 죽임을 당했다.

157

일반적으로 미래를 예측하기 보다는
과거를 돌아보는 것이 더 낫다.
신년 예측이란 막상 새해가 시작되면
일주일도 지나기 전에 다 잊혀진다.*

|| *WSJ* 1929년 1월 1일 ||

* 해밀턴은 자신이 편집국장으로 있는 〈월스트리트저널〉이 "왜 다른 신문들은 상
  업적인 인기를 위해 매년 싣고 있는 연례 주가 예측을 다루지 않는가?"라는 독
  자들의 물음에 이같이 답했다.

158

시장의 흐름을 정확히 예측한 뒤에는 늘 위험한 유혹이
뒤따른다. 한 달 전 시장이 박스권을 탈피했을 때
앞으로 어떤 방향으로 진행될지 이야기한 것은
상대적으로 쉬운 일이었다. 그러나 그 뒤 상승세가
이어진 다음에는 앞으로 주가가 어떻게 움직일지
아무런 가이드도 없다. 다행히 과거의 기록을 비교해
추론을 이끌어냄으로써 그날그날의 투기를 부추기는 것은
이 신문의 사업 영역이 아니다.

|| *WSJ* 1910년 10월 18일 ||

159

내년에 펼쳐질 강세장에 대한 기대감이 얼마나
광범위하게 퍼져 있는가는 정말로 의아할 정도다.
늘 있어왔던 약세론자들조차 현재의 상황은 일시적인
주가의 조정일 뿐이며, 장기적인 상승을 겨냥해 더 싸게
주식을 매수할 기회라고 말하고 있다. 많은
프로 투기자들 역시 주가가 급등할 때마다 이를 이용해
공매도하고 있기는 하지만, 시장이 아직 고점에
다다르지는 않았다는 데 한목소리를 내고 있다.
이처럼 한결 같이 받아들이고 있는 의견에 억지로
거스를 필요는 없다. 평균주가가 확실한 신호를
주기 전까지는 말이다. 지난 몇 주간 평균주가는
10월의 고점과 이달 초의 저점 사이에서 등락했으며,
불과 몇 포인트 범위 안에서 변동했다. 거래량도 감소하는
추세였고, 투기적 매수도 극히 일부 주식에 한정됐다.
이는 시장이 어느 정도 평형 상태에 이르고 있음을
알려준다. 시장이 진자 운동을 다시 시작하려면 새로운
동인이 있어야 한다. 시장의 큰 흐름이 어느 방향으로
움직일 것인지는 기술적 조건만으로는 예단할 수 없다.
대중들은 지금 시장을 벗어나 있다. 1907년 패닉이 휩쓸고
지나간 직후보다 오히려 지금 더 소수의 투자자들만

주식을 보유하고 있다. 큰손들은 일반 투자자들을
시장으로 끌어들이기 위해 상당히 많은 실탄을 투입한
것으로 보이지만, 아직까지는 보유 주식을 팔 생각이 없는
것 같다. 대형 철도주들도 절반 정도는 배당금을
증액했거나 지금까지의 하락폭을 만회했다. 그러나
이런 식의 유혹에도 불구하고 시장은 대중들의 관심을
끌어 모으는 데 실패했다.

지금 시장에는 언제 폭발할지 모를 매우 심각한 문제가
잠재돼 있다. 노동계의 상황과 의회의 법안 처리 문제
모두 우려된다. 파업 사태가 벌어진다고 해서 무조건
공매도한 투자자들이 큰 돈을 버는 것은 아니다. 그러나
이렇게 대규모 매물이 출회되면 결국 모두에게 피해가
돌아갈 것이다. 조만간 무엇인가가 터져버릴 수밖에 없다.
과거 이와 비슷한 상황에서도 그랬지만 우리가 인내할 수
있는 한계점을 지나게 되면 반드시 무슨 사건이 폭발한다.
이런 의견이 시장의 약세를 전망하는 것은 아니다.
하지만 월스트리트에서는 일반적으로 대다수 의견이 옳은
것은 아니라는 점을 지적해두어야 할 것 같다.

|| *WSJ* 1909년 12월 18일 ||

160

세계 어느 시장에서든 공매도는 필요한 요소다.
다만 뉴욕증권거래소에서 거래되는 주식을 공매도한 뒤
주가 추이를 살피지도 않고 멀리 떠나있을 수는 없다.
일단 공매도를 했다면 그 주식을 상환할 때까지는
주식을 차입한 입장이기 때문이다. 더구나 지금까지
주식시장에서는 평균적으로 강세에 베팅한 쪽이
약세에 베팅한 쪽보다 훨씬 더 많은 돈을 벌었다.
통상 강세장이 약세장보다 더 오래 지속됐다는 점만 봐도
그 이유를 알 수 있다. 그런 점에서 공매도는
프로 투자자, 특히 시장의 법칙을 열심히 공부하는
사람들의 영역일지 모른다.

|| 주식시장 바로미터 ||

161

공매도 제도에는 특허라도 주어야 할 것 같다. 최근 런던 주식시장에서 벌어진 패닉 사태를 살펴보면 투기가 심했던 주식들이 아니라 은행주에서 주가 폭락이 더 심각했다는 점이 이채롭다. 영국의 증권거래법은 은행주에 대해서는 공매도를 금지하고 있기 때문이다. 1890년 베어링 은행 위기가 극에 달했을 때 은행주 주가가 급락하자 이를 막아줄 아무런 수단도 없었다.

폭락하는 주식시장에는 미청산 공매도 물량만큼 훌륭한 지지 수단도 없다. 베어링 은행 위기 때처럼 이런 장치가 없자 은행들이 서둘러 주가 폭락을 막기 위한 조직을 만들 수밖에 없었다. 런던 증권거래소가 1922년에 정부의 추가적인 규제와 간섭 없이 조직을 새롭게 만든 것처럼 이제 영국 의회도 은행주의 주가 폭락을 막을 수 있도록 증권거래법을 고쳐 일반 투자자들을 보호해야 할 것이다.

|| 주식시장 바로미터 ||

162

(아주 잘 아는 친구사이라고 해서) 일임매매를 맡겼다가는 돈도 잃고 친구도 잃는 결과로 이어질 수 있다.

‖ 찰스 다우 ‖

163

주식 투자를 할 때는 반드시 자기 스스로 생각해야 하며,
언제든 자신이 내린 결론을 신중한 자세로 따라야 한다.
또 자신의 희망과 바람이 판단을 내리는 데 영향을
미치도록 해서는 안 된다. 단순히 시장을 어림짐작해
투자하는 것보다는 차라리 자신이 내린 결론으로
투자했다가 실수를 저지르는 편이 더 낫다. 그래야
왜 실수를 하게 됐는지 배울 수 있기 때문이다.
자기 자신에 대한 믿음과 부단한 연구야말로
성공적인 주식 투자의 밑거름이다. 주식시장이란
20명이 실패하면 1명 정도가 성공하는 곳이다.

‖ 다우이론 ‖

164

사람들은 늘 현재 상황이 계속해서 이어질 것이라고
생각하는 경향이 있다. 시장이 하락세를 보이며
지지부진할 때면 아무도 이것이 곧 나타날 활기찬
강세장의 전조(前兆)라고 여기지 않는다.
반대로 주가가 상승세를 타고 경제도 흥청거릴 때면
뻔히 이전의 경기 호황도 끝을 맞았건만,
이번에는 과거와 다를 것이며
영원히 지속될 것이라고 이야기한다.
어떤 상황에서도 부정할 수 없는 한 가지 사실은
현재의 상황이 변할 것이라는 점이다. 상황이 바뀌면
수요와 공급의 법칙 또한 수정돼야 한다.

‖ 찰스 다우 ‖

165

10월 23일(수요일) 철도 평균주가는 이틀 전
산업 평균주가가 보여준 약세 신호를 확인해주었다.
이로써 두 평균주가는 6년간에 걸친 전례 없는
대세상승 이후 처음으로 동시에 약세 시그널을 준 것이다.
(……) 지금 월스트리트에는 진짜 약세장을 한 번도
경험하지 못한 트레이더들이 많다. 예를 들어
1919년 10월에 시작해 2년간 지속된 대세하락이 있었고,
1912~14년에는 제1차 세계대전을 미리 알려준 약세장이
있었다. 더욱 중요한 사실은 주식시장이 국가 경제 전반을
미리 예측해준다는 것이다. 지난 6년간의 대세상승은
경제적 번영으로 귀결됐다. 그리고 이제 주식시장이
그 방향을 틀게 되면 경기는 크게 위축될 것이다. 비록
아직은 그것이 피부에 와닿지 않겠지만 말이다.*

|| *WSJ* 1929년 10월 25일 ||

---

* 해밀턴의 칼럼 가운데 가장 유명하고 아직도 인구에 회자되는 "조류의 반전
  (A Turn in the Tide)"이라는 제목의 글이다. 해밀턴은 이 칼럼에서 1920년대
  초부터 이어져왔던 대 강세장의 종언은 물론 1930년대까지 계속될 사상 초유
  의 대공황을 예견했다.

166

주식시장을 휘몰아쳤던 격렬한 주가 흐름이 지나가고
이제 제자리를 찾는 모습이다. 과거에도 그랬던 것처럼
시장의 움직임은 작아지면서 앞으로의 주가에 영향을
미칠 요인들을 기다리는 휴식기로 접어들 것이다.
시장이 처음 하락했을 때 산업 평균주가가
381이 넘는 고점에서 50포인트 정도 떨어지자
대부분의 신문에서는 "은행가들이 시장 지지를 위해
매수에 나섰다"고 썼다. 그러나 시장은 잠시 마지못한
랠리를 보인 뒤 곧 바로 하락세로 돌아서
산업 평균주가는 200선 훨씬 아래로 떨어졌다.
여기서 말할 수 있는 것은, 여러 차례 지적한 사실이지만
주식시장은 자신의 무게를 못 이겨 무너졌다는 것이다.*

|| *WSJ* 1929년 12월 3일 ||

---

* 해밀턴이 세상을 뜨기 5일 전 쓴 마지막 칼럼이다. 자신의 죽음을 예상한 듯
"휴식기로 접어들며(Coming to Rest)"라는 제목을 붙인 이 칼럼에서는 산업
평균주가가 두 달 만에 180포인트 이상 폭락했지만, 이는 일각에서 제기하는
외국인들의 매도나 공매도 때문이 아니라 과도하게 오른 주식시장의 불가피한
하락이라고 분석했다.

167

인간의 문제는 변하지 않는다는 것이다.
인간의 본성이란 인류 역사가 시작된 이래
한결같았기 때문이다.

‖ 주식시장 바로미터 ‖